CHRISTIANISME ET MODERNITÉ

RENÉ GIRARD
GIANNI VATTIMO

CHRISTIANISME ET MODERNITÉ

Entretiens menés par
Pierpaolo Antonello

*Traduction
par
Renaud Temperini*

Champs actuel

Titre original : *Verità o fede debole ?*
© 2006, Pier Vittorio e Associati, Transeuropa, Massa.
French edition published by arrangement with Eulama Literary Agency, Roma.
© Editions Flammarion, Paris, 2009, pour la traduction française.
ISBN : 978-2-0812-2281-6

Avant-propos

Parmi les nombreuses « guerres de religion », présumées ou réelles, qui caractérisent le débat philosophique et médiatique contemporain, celle opposant la laïcité à la religion – la nécessité du pluralisme confessionnel et culturel requis par l'État démocratique à la culture autoritaire présumée des religions – s'impose comme l'une des plus vivaces. Comme souvent, ce genre de débat souffre de polarisations plus utiles à l'esprit de polémique ou à la simplicité d'exposition imposée par les médias qu'à une articulation précise des termes de la question.

Le présent ouvrage souhaite, pour sa part, contribuer à cette discussion en laissant la parole à deux auteurs qui, loin d'opposer frontalement les camps, les unissent sur la base d'une intuition, déjà partiellement élaborée par Max Weber et plus récemment approfondie par Marcel Gauchet, selon laquelle la sécularisation, et donc la laïcité, sont en substance des produits du christianisme ; autrement dit, « que le christianisme est

[...] la religion de la sortie de la religion [1] », et que la démocratie, l'économie de marché, les droits civiques, les libertés individuelles ont été, non pas « inventés » au sens absolu du terme, mais « facilités » par les cultures chrétiennes – à tel point que même un philosophe aussi sceptique et allergique au religieux que Richard Rorty l'a récemment admis [2].

Le propos de ce livre devient ainsi double : d'une part, il vise à fournir au lecteur quelques éléments de réflexion sur des problèmes situés au cœur du débat philosophique de ces dernières années, et plus particulièrement le rapport entre religion et modernité, la confrontation complexe et délicate entre vérité et liberté, entre relativisme et foi, dans un monde où sont apparues de nouvelles formes de violence d'origine religieuse ; d'autre part, il aimerait rendre compte du rapprochement philosophique, au cours des dix dernières années, de deux des plus importants penseurs contemporains – l'anthropologue français René Girard et le philosophe italien Gianni Vattimo –, à travers une série de dialogues organisés lors de rencontres publiques ou universitaires, ici réunis pour la première fois.

---

1. M. Gauchet, *Le Désenchantement du monde : une histoire politique de la religion*, Paris, Gallimard, 1985 ; réed. « Folio essais », 2005.
2. Cf. R. Rorty et G. Vattimo, *Il Futuro della religione. Solidarietà, carità, ironia*, sous la dir. de S. Zabala, Milan, Garzanti, 2005, p. 78-79. Éd. fr. : *L'Avenir de la religion : solidarité, charité, ironie*, Paris, Bayard, 2006, traduit de l'italien par Carole Walter.

AVANT-PROPOS

Puisqu'il s'agit de présenter au lecteur l'aboutissement d'une rencontre et d'une discussion ouverte et amicale, exempte de toute polémique et empreinte d'un grand respect mutuel, nous avons souhaité mettre en relief les moments de dialogues, et reléguer en appendice l'articulation plus strictement philosophique de cette confrontation, à travers deux essais où Girard et Vattimo se glosent l'un l'autre en soulignant aussi bien leurs points d'accord que de désaccord. Plus qu'un traité systématique de philosophie ou de théologie, ce livre constitue ainsi le « journal » d'une confrontation, d'un effort de compréhension et de persuasion réciproque, où se lisent la disponibilité des deux auteurs pour la discussion ainsi qu'une convergence d'intérêts et de questionnements sur le thème de la « mort de Dieu », emprunté à Nietzsche (que Girard définit comme le plus grand théologien moderne depuis saint Paul).

Du point de vue plus strictement philosophique de Vattimo, la mort de Dieu est incarnation, *kénosis*, soit un affaiblissement de sa puissance transcendantale ayant pour conséquence la déstructuration de *toutes les vérités* ontologiques qui ont caractérisé l'histoire et la pensée humaines. Pour Girard – qui adopte au contraire une perspective anthropologique –, la mort de Dieu est la mort *réelle* d'une victime innocente, ou plus exactement de la victime innocente par antonomase, le Christ : celui qui est capable de dévoiler, précisément à travers sa mort, les choses cachées aux hommes « depuis la fondation du monde ».

Le pari théorique et herméneutique commun aux réflexions de Vattimo et de Girard se fonde sur la prise de conscience que le christianisme n'est pas une « religion » au sens propre du terme, mais le principe de déstructuration de tous les cultes archaïques, qui se travestit en « religion » institutionnelle pour instaurer un dialogue avec les credo traditionnels. Tel un cheval de Troie, il entre dans le château millénaire des religions naturelles et le vide de l'intérieur, en empruntant à celles-ci leur langage et leur symbolique, mais en renversant complètement leur signification, en démystifiant toute la violence sur laquelle elles avaient été érigées. Le lien entre religion et violence, aujourd'hui si évident, ne viendrait pas d'une violence intrinsèque à la religion, mais de ce que la religion est avant tout un savoir sur la violence des hommes. Cette démystification s'opère, selon Girard, à travers la révélation judéo-chrétienne, révélation de l'innocence des victimes qui, pour des raisons personnelles, sociales ou politiques, ont été expulsées ou tuées, tout au long du cheminement tourmenté de l'histoire de l'homme. La mort du Christ et la réactualisation de cette mort dans les Évangiles et les célébrations liturgiques ont contribué à la prise de conscience progressive de la position persécutrice assumée par les hommes et par les sociétés au cours des siècles.

L'Évangile devient ainsi la clef herméneutique permettant de relire aussi bien la mythologie que les

Écritures anciennes comme la prise de conscience progressive de l'origine violente de l'ordre culturel, et de comprendre le sacrifice du Christ comme le moment de rupture de l'équilibre qui assurait la stabilité et le caractère mythique du mécanisme symbolique et religieux fondateur des sociétés archaïques. Le christianisme constitue le point culminant d'une phase de développement anthropologique qui voit l'homme aux prises avec le risque de contagion de la violence interne à la communauté : il ne parvient à y remédier qu'en cherchant et en trouvant toujours de nouveaux boucs émissaires – jugés coupables, mais en réalité innocents. « Il vaut mieux qu'un seul meure plutôt que la communauté entière périsse », indique la logique sacrificielle ; « Ils m'ont haï sans raison », révèle le Christ (Évangile selon saint Jean, 15, 25). Le christianisme représente le moment où l'homme se libère de la nécessité de recourir aux boucs émissaires et à leur immolation pour résoudre les conflits et les crises communautaires, en devenant conscient de l'innocence de ces victimes et du caractère arbitraire de leur culpabilisation.

Cette mort, que le christianisme a présentée comme un fondement et une révélation, et dont la tradition occidentale (même en dehors de la philosophie) a incorporé et assimilé jusqu'aux conséquences ultimes, est à la base des processus culturels ayant conduit au monde occidental tel que nous le connaissons, c'est-à-dire animé par des principes éthiques en vertu desquels les droits et les libertés de chaque individu doivent être sauvegardés, les victimes secourues et protégées ; un monde où la séparation de l'Église et de l'État est non seulement un fait historique, mais aussi une prescription de la doctrine chrétienne elle-même, qui prévoit explicitement les justifications de la politique, même si elle les considère comme insuffisantes pour obtenir la véritable paix de l'homme [1].

La rupture du cercle sacrificiel accomplie par la révélation judéo-chrétienne a donc mis en mouvement un processus historique qui culmine avec l'époque actuelle et la nouvelle spéciation postmoderne, tout en révélant un extraordinaire paradoxe : car c'est précisément lorsqu'elle semble vouloir se libérer définitivement de la contrainte des liens religieux et confessionnels que la culture occidentale révèle – à travers ce que Girard définit comme « une expulsion rationnelle du religieux » – sa racine la plus profondément chrétienne. Les idéologies et la culture contemporaines accordent en effet une place centrale aux victimes : celles de la Shoah, du capitalisme, des injustices sociales, des guerres, des persécutions politiques, du désastre écologique, des discriminations raciales, sexuelles, religieuses. Et la tradition judéo-chrétienne a, plus que

---

1. Voir à ce propos le dialogue éclairant entre M. Ceruti et G. Fornari, *Le Due Paci. Cristianesimo e morte di Dio nel mondo globalizzato*, Milan, Cortina, 2005.

toute autre, placé cette victime innocente au centre de notre horizon de pensée.

Si donc nous partons de la prémisse selon laquelle christianisme et sécularisation (avec, comme sous-produits, la laïcité et le relativisme) sont étroitement liés, la question se pose des modalités – historiques ou phénoménologiques – de ce processus de sécularisation. À ce sujet, Vattimo a certainement développé un discours plus ample et plus articulé que Girard, aussi bien dans les pages présentées ici pour la première fois que dans des livres tels que *La Fine della modernità* (1985 ; éd. fr. *La Fin de la modernité*, 1987), *La Società trasparente* (1989 ; éd. fr. *La Société transparente*, 1990), *Dopo la cristianità* (2002 ; éd. fr., *Après la chrétienté*, 2004), *Nichilismo ed Emancipazione* (2003). Au cours des dernières années, il s'est efforcé de faire de la philosophie de Heidegger une philosophie à la hauteur de la fragmentation du sens dans laquelle l'homme postmoderne occidental s'est retrouvé plongé – une philosophie susceptible de nous aider à diagnostiquer notre changement d'époque et de nous préparer à accueillir des choix politiques progressistes et libérateurs.

N'étant pas un penseur public ni un intellectuel militant au sens traditionnel du terme, Girard a peu utilisé sa réflexion anthropologique pour lire la réalité sociale et politique contemporaine. Il s'intéresse plutôt à l'analyse des cultures mythiques et à la perspicacité révélatrice de la Bible quant à la violence sacrale des religions naturelles. Toutefois, il s'est récemment retrouvé impliqué dans une série de débats publics, à un moment où des événements historiques (au premier rang desquels le terrorisme d'origine religieuse) ont révélé toute la pertinence de ses perspectives théoriques : au XXe siècle, peu d'auteurs ont en effet pensé aussi assidûment que lui la relation entre la religion et la violence. De ce point de vue, il faut mettre au crédit de Vattimo d'avoir approché un auteur aussi « inactuel » (et politiquement incorrect) que Girard, et d'avoir commencé à discuter avec lui du rôle et de l'importance de la religion dans le cadre de sa propre perspective philosophique et existentielle, à une époque libre de tout soupçon – de ses premières lectures de Girard, au milieu des années 1980, puis à leurs rencontres aux États-Unis vers le milieu des années 1990 –, bien avant que la réalité des faits n'impose de manière dramatique l'urgence d'une telle réflexion [1]. Par ailleurs, Vattimo est demeuré fidèle à sa position déconstructionniste, herméneutique et relativiste, même au lendemain du 11 Septembre, tandis qu'un ensemble d'intellectuels de divers bords s'employaient à entonner le *De profundis* du postmodernisme et de ses avatars philosophiques.

La préoccupation principale du philosophe italien (dont le sentiment d'urgence transparaît dans les dialogues qui suivent) est double. D'une part, il tente d'élaborer un système de pensée qui contribue à

---

1. En témoignent la troisième séquence de ce dialogue, qui se déroula en 1996, et les deux essais écrits en 1999, publiés en conclusion du présent volume.

déstructurer toutes les prétentions de définition « naturelle », fixiste, de ce qu'est l'homme ; c'est pourquoi il dénonce les vérités ontologiques, immuables, « scientifiques » comme autant de produits historiques et contingents, et surtout comme autant d'instruments de coercition aux mains de ceux qui, tour à tour, ont détenu le pouvoir symbolique, politique, économique. D'autre part, il cherche à inscrire la tradition herméneutique au sein d'une histoire de la révélation, en soulignant, à travers une lecture explicitement heideggerienne de Girard, le lien entre « ontologie nihiliste et *kénosis* de Dieu ». On a l'impression de lire chez Vattimo une vision « téléologique » du destin du christianisme, qui progresserait, à travers l'œuvre de la grâce et de la rédemption, selon un finalisme linéaire et immanent. Le destin du christianisme consisterait ainsi à dissoudre toutes les structures ontologiques que l'homme a imposées par la violence aux autres hommes et, avec elles, tous les appareils bureaucratiques et coercitifs qui entravent les libertés individuelles, ainsi qu'à ouvrir la voie à une communauté de l'amour fondée sur le partage de principes issus d'une discussion et d'un accord intersubjectifs. Pour Girard, cette position, exagérément optimiste, relève d'une perspective philosophique trop strictement linguistique, qui aurait dissous le principe de réalité, pour les mêmes raisons politiques qui en ont animé le projet. À l'inverse, Girard part d'une perspective anthropologique fortement réaliste, dominée par ce qu'il appelle le *sens commun* : il observe l'homme et l'Histoire dans un contexte de « permanence évolutive », sans attribuer de caractéristiques immuables à la nature humaine – ce qui aurait évidemment empêché le christianisme de changer le monde –, mais il identifie des formes de « résistance » anthropologique, sociologique et psychologique susceptibles de freiner les processus de transformation. Rien d'ontologiquement stable, donc, mais un développement qui progresse de manière beaucoup plus lente et laborieuse que ce que chacun de nous (et Vattimo lui-même) pourrait souhaiter. Girard ne croit pas, par exemple, que la conscience postmoderne de vivre dans « un monde de semi-vérités relatives [1] » puisse offrir à l'homme contemporain une chance d'échapper aux angoisses et aux névroses. En outre, selon lui, le « consensus linguistique intersubjectif » sur lequel s'appuie la communauté de la charité préconisée par Vattimo – une communauté qui devrait se pacifier à travers la pratique du dialogue interpersonnel, en opérant un partage de langage et de préférences – est de fait trop solipsiste, car il élude les dangers des relations existant en son sein ; autrement dit, il n'en reconnaît pas la nature mimétique et rivalitaire et n'est donc pas en mesure d'en prévoir les aspects antagonistes et violents, qui y demeurent pourtant.

---

1. S. Zabala, *Introduzione*, in R. Rorty et G. Vattimo, *op. cit.*, p. 23.

Tout en partageant plusieurs des prémisses théoriques de Vattimo, Girard met entre parenthèses cette « confiance » du philosophe italien en un cheminement linéairement « progressif » de l'histoire de la révélation, ouvrant ainsi la porte au doute quant à de possibles convulsions historiques présentes ou futures, qu'il n'hésite pas à appeler des *tragédies*. Il préfère donc s'en remettre à la parole « apocalyptique », qui se présente de nouveau à l'homme contemporain dans sa double acception : comme *révélation* et comme déploiement de la *violence*. La révélation du message chrétien, qui rompt les digues du sacré naturel, peut conduire l'homme au salut de la paix de Dieu, mais aussi le priver des protections sacrales qu'on avait érigées pour le mettre à l'abri de sa propre violence. La créativité du christianisme est libératoire, mais cette libération laisse aussi la place à une créativité négative, diabolique et destructrice. Si le mécanisme sacrificiel ne peut plus fonctionner, car on en a révélé le caractère absolument injuste et arbitraire, la société moderne se retrouve alors dans une nouvelle phase expérimentale, où l'Histoire devient un laboratoire de recherche de nouveaux mécanismes d'équilibre et de stabilité. L'homme contemporain utilise donc des structures de « limitation » qui parviennent – en se fondant sur des formes de transcendance sécularisées comme l'idéologie de l'État démocratique, la technologie, le capitalisme avancé, la spectacularisation des mass media, la marchandisation des rapports individuels – à retarder l'événement apocalyptique : d'où la nécessité de ne pas hâter la dissolution du prétendu *katechon*, des structures, même politiques et ecclésiastiques, qui réfrènent momentanément la violence de l'homme. Vattimo refuse au contraire toute perspective apocalyptique, prévoyant plutôt une libération progressive, à travers la grâce de Dieu, du besoin de limites en tous genres, abstraction faite de leur utilité « catéchétique ».

Le contentieux qui oppose Vattimo et Girard n'est pas seulement de caractère méthodologique ou linguistique, mais aussi, au sens large du terme, « politique ». Par rapport à d'autres dialogues engagés par Vattimo sur des thèmes religieux (par exemple avec Richard Rorty ou Jacques Derrida [1]), on peut noter ici une plus grande divergence, une sorte de polarisation : Vattimo le « progressiste » cherche à entraîner Girard le « conservateur » sur son propre terrain. Vattimo demande à Girard d'accepter toutes les prémisses de son raisonnement sur le christianisme conçu comme religion de la révélation du fondement persécuteur, « victimaire », de la culture humaine, et donc comme religion qui déstructure de l'intérieur toutes les religions naturelles et qui en déconstruit toutes les structures rigides imposées par l'Histoire : appareils étatiques et ecclésiastiques, notions autoritaires de la vérité et de la nature, et ainsi de suite.

---

1. J. Derrida et G. Vattimo (dir.), *La Religione*, « Annuario filosofico europeo », Rome et Bari, Laterza, 1995. Éd. fr. : *La Religion : séminaire de Capri*, Paris, Seuil, 1996, traduit de l'allemand, de l'espagnol et de l'italien par P. Fruchon, Y. Rouillières et M. Raiola.

Les propos de Vattimo témoignent bien sûr d'un combat non seulement philosophique, mais aussi existentiel, en ce sens que son itinéraire personnel s'impose comme une tentative de concilier la tradition catholique – dont lui-même provient et dont il se sent culturellement et moralement débiteur – et le projet d'émancipation politique auquel il consacre désormais depuis longtemps une partie de ses activités. Ce combat s'attache en particulier à défendre la différence sexuelle et se heurte aux principes de l'Église sur des thèmes tels que les pratiques sexuelles des individus – dont, selon Vattimo, elle ne devrait pas s'occuper du tout [1].

Girard ne s'exprime pas sur ces questions, ou plutôt il accepte, en bon catholique, le magistère de l'Église.

Du reste, il faut rappeler que sa théorie permet des prises de position politiques plus larges que celles qu'il a pu assumer par ailleurs sur des questions précises, ne serait-ce que parce que ses analyses présupposent des explications phénoménologiques hautement ambivalentes [2]. Même en ce qui concerne l'histoire de l'Église et son rôle à l'époque postmoderne (ou « postséculière », dirait Habermas), il est possible que la théorie

---

1. Cf. R. Rorty et G. Vattimo, *op. cit.*, p. 75.
2. Mauro Ceruti, qui voit dans l'hypothèse de René Girard une théorie susceptible d'offrir une vision complexe de la réalité, souligne à juste titre la nécessité de « combattre la tendance à radicaliser les différents aspects de son système selon le critère exclusif du négatif et du positif », M. Ceruti et G. Fornari, *op. cit.*, p. 28.

de la mimésis prenne effectivement le chemin de l'« affaiblissement » souhaité par Vattimo, mais Girard ne pense certainement pas à une sorte d'« euthanasie » instantanée de l'appareil ecclésiastique, dès qu'il viendra à se rendre compte que le véritable destin du christianisme réside dans son « extinction ». Même dans une perspective historique, Girard considère qu'une Église plus « faible », moins structurée et moins hiérarchique, ne protège pas du tout les sociétés de leurs dérives violentes, bien au contraire. Les schismes protestants, avec leurs appareils ecclésiastiques plus « légers » et plus « sécularisés », leur relation herméneutique plus « mûre » avec le texte biblique, ont souvent produit des théologies plus dures, moins charitables, et des visions plus radicales de ce que devait être l'esprit du christianisme. Les schismes se font souvent au nom d'une vérité plus pure, et non pas plus nuancée. Le contexte culturel le plus exemplaire d'une dérive individualiste et privée du religieux – celui des États-Unis, où les Églises et les sectes atteignent un chiffre astronomique – n'a pas produit une société intérieurement moins violente, ni plus pacifiée que la société européenne, « assiégée » par le catholicisme.

Vérité, donc, ou faiblesse de la foi [1] ? Cette question rend bien compte des deux positions antagonistes émergeant du dialogue : d'un côté, la *vérité* comme

---

1. Pierpaolo Antonello se réfère ici au titre de l'édition originale : *Verità o fede debole ?*

vérité de la victime, de la révélation chrétienne devenue le verbe prégnant de notre modernité (en conséquence de quoi, selon Girard, on peut accepter le relativisme social, mais pas le relativisme épistémique) ; de l'autre, une « foi faible » qui, comme Vattimo lui-même en a l'intuition, tout en répondant à une exigence légitime d'émancipation, peut prendre, dans le monde postmoderne, les traits d'un christianisme « déchristianisé » : une « foi faible » correspond en effet à une foi de plus en plus individuelle et déstructurée, « faite sur mesure » pour s'adapter aux besoins et aux exigences des individus ; une foi certes conforme à des intérêts existentiels légitimes, mais apparaissant le plus souvent comme une variante de la différenciation par laquelle le marché a structuré les préférences individuelles, ce grand « supermarché » des options individuelles que Vattimo lui-même redoute.

En réalité, même sur ces questions, les divergences entre les deux penseurs laissent un espace ouvert pour un possible rapprochement : Vattimo revendique une fidélité salutaire envers la tradition – une tradition qui donne sens et cohérence à son cheminement intellectuel et à son action, et qui devrait par conséquent endiguer la fragmentation interprétative potentielle d'une perspective purement herméneutique ; Girard, pleinement d'accord avec la nécessité de vivre dans une société laïque préservant l'autonomie absolue de la politique dans la sphère publique, croit pour sa part en la fidélité à l'Église, et en particulier à l'Église catholique, conçue comme noyau symbolique fort s'opposant aux dérives pathologiques de l'individualisme contemporain et comme instrument historique indispensable à l'endiguement de la violence et des risques d'autodestruction de l'homme, toujours prêts à se déchaîner.

Si Vattimo a foi en la dissolution progressive et émancipatrice de toutes les ontologies comme destin positif et irréversible de la culture occidentale, l'homme contemporain – l'homme de la mondialisation et d'Internet, exposé à des doses de plus en plus massives d'interdépendance et d'aliénation – semble en revanche peu enclin à se contenter du vide laissé par la disparition des credo, des idéologies, ou par la dissolution de l'onto-théologie de la philosophie traditionnelle. Le problème vient de ce que le manque de fondations et de fondements est aujourd'hui comblé par sa caricature, le fondamentalisme, qui reprend à son compte toutes les formes de persécution typiques du sacré. Selon une logique paradoxale, comme l'a souligné il y a peu Giuseppe Fornari, ce sont justement les intégristes musulmans qui manifestent le plus de perspicacité quant au lien entre désacralisation et christianisme : ils combattent certes l'Occident en tant que chrétien, mais surtout en tant que sécularisé, laïc, pluraliste et relativiste[1]. Dans le christianisme, l'intégrisme

---

1. *Ibid.*, p. 207.

islamiste ne craint pas le verbe évangélique ni l'autorité du pape, mais précisément sa sécularisation et sa laïcité, sa force de déstructuration de l'ordre religieux traditionnel. D'ailleurs, lorsque les fondamentalismes se transforment en violence antagonique, ils montrent à quel point ils sont eux-mêmes le produit d'une négociation historique tourmentée avec la sécularisation et la modernité. Quand le fondamentalisme, au lieu de s'enfermer dans sa propre autosuffisance, adopte une attitude de conflit ouvert, cela signifie qu'il partage déjà certaines préoccupations et certains intérêts essentiels de son adversaire. La violence travestie en religion que les extrémistes islamistes perpétuent est, de fait, déjà le signe d'un début de décomposition de cette même religion, car la culture à laquelle ils appartiennent – comme, du reste, toute la culture mondiale – est déjà imprégnée de laïcité sécularisée, de rationalité technique, d'utilitarisme économique, de propagande médiatique et para-idéologique, et elle finit par s'opposer à l'Occident en termes de pure rivalité.

Comment construire et articuler un dialogue interreligieux à partir du pari théorique exposé ici ? De toute évidence, les perspectives ouvertes sont si complexes qu'elles excèdent les limites de ces dialogues, qui poursuivaient à l'origine d'autres objectifs. Mais on peut certainement y trouver des éléments susceptibles d'ouvrir une nouvelle discussion, notamment l'idée d'une christianisation subreptice du monde à travers la diffusion, d'une part, du marché et de la technique et, d'autre part, des institutions laïques de type démocratique [1]. Si, pour Girard et Vattimo, le christianisme revêt une importance historique décisive, c'est peut-être justement sur le terrain de la laïcité, où l'héritage de la tradition judéo-chrétienne peut accueillir les autres religions et dialoguer avec elles sur un pied de parité [2], et tout en gardant conscience que les cultures « autres » tendent aussi « à voir dans la laïcité même de l'espace politique une sorte de menace pour leur authenticité, et donc à la considérer non pas comme une condition positive de la liberté, mais comme une limite négative qu'il leur faudrait refuser [3] ».

---

1. Mauro Ceruti et Giuseppe Fornari ont amplement discuté de ces questions, *op. cit.*, p. 208 et suiv.

2. Giancarlo Bosetti, dans son introduction au dialogue entre Jürgen Habermas et Joseph Ratzinger, souligne que « la vertu mise en valeur par le cardinal en faveur du christianisme, comparé aux autres cultures et aux autres religions, n'est pas celle de la valeur de Vérité dont elle bénéficierait sur le plan religieux [...], mais celle d'une plus grande proximité, d'une plus grande affinité, d'une plus grande capacité de cohabitation avec la démocratie libérale, où "prédomine largement la culture laïque d'une rationalité rigoureuse, dont Habermas [...] nous a fourni une image convaincante" » ; G. Bosetti, *Idee per una convergenza « postsecolare »*, in J. Habermas et J. Ratzinger, *Ragione e fede in dialogo*, sous la dir. de G. Bosetti, Venise, Marsilio, 2004, p. 15.

3. G. Vattimo, *Dopo la cristianità. Per un cristianesimo non religioso*, Milan, Garzanti, 2002, p. 101. Éd. fr. : *Après la chrétienté : pour un christianisme non religieux*, Paris, Calmann-Lévy, 2004, traduit de l'italien par Frank La Brasca.

Aussi bien pour Girard que pour Vattimo, il s'agirait de chercher, dans les différentes traditions confessionnelles et religieuses, des noyaux de sens commun allant vers une *diminution de la violence* et du conflit. Pour Vattimo, il faut en effet toujours préférer à tout principe d'égalité un critère de diminution progressive de la violence. En outre, la perspective herméneutique qu'il propose revêt une importance fondamentale si l'on se souvient à quel point le problème de l'interprétation est décisif pour émanciper le religieux de toute forme de crispation sur les textes sacrés, pour *historiciser* le contenu de ces textes et pour les libérer des formes de persécution typiques du sacré – et ce n'est pas un hasard si l'on trouve alors des points de contact doctrinal et politique avec l'islam modéré (par exemple avec un intellectuel comme l'Iranien Moshen Kadivar), qui aborde en ce moment des questions fondamentales, tels le respect des droits de l'homme et des minorités, l'émancipation des femmes, l'abolition des châtiments corporels, précisément à partir d'une relation herméneutique renouvelée avec la tradition et les Écritures. Pour Girard, il s'agit en outre de reconnaître une adhésion commune à une perspective « victimologique », à une « victimologie » qui ne produise pas davantage de victimes, en ce sens que les conflits entre religions, ou entre groupes ethniques nationaux, se fondent souvent volontiers sur une position victimaire conçue en termes de rivalité : autrement dit, sur la prétention à être plus victimes que les autres pour justifier ses propres violences de rétorsion ; ce qui témoigne encore une fois, du point de vue de Girard, de la christianisation substantielle du discours symbolique de la communauté internationale, d'une compréhension transversale, interculturelle et interreligieuse, des mécanismes de victimisation.

Du reste, comme il l'a expliqué dans ses livres les plus récents, toutes les religions possèdent, dans une certaine mesure, une dimension « prophétique », elles ont en effet toutes contribué à cette lente révélation de la vérité sur la victime, qui n'est l'apanage ni du christianisme – même si c'est lui qui l'a exposée de manière complète –, ni de l'Église catholique, ni de l'Occident, mais de l'humanité tout entière.

Je remercie naturellement René Girard et Gianni Vattimo pour leur disponibilité à tous deux, pour la bonne humeur dont ils ont fait preuve à chacune de leurs rencontres, et pour leur participation active à l'élaboration de ce volume. Je remercie aussi, outre les administrations de Falconara et d'Ancône, qui ont accueilli la rencontre sur « Foi et relativisme », Alberto Garlini et le comité d'organisation de *Pordenonelegge*, qui ont préparé et autorisé la publication du dialogue sur christianisme et modernité.

Pierpaolo A<small>NTONELLO</small>

Christianisme et modernité [1]

ANTONELLO : Je souhaiterais commencer notre dialogue en partant des deux termes qui donnent son titre à cette rencontre : christianisme et modernité. À travers des approches différentes – anthropologique chez Girard et philosophique chez Vattimo –, vous en êtes arrivés plus ou moins à la même conclusion, à savoir que la modernité, telle qu'elle a été construite et comprise par l'Occident européen, est en substance une invention du christianisme. Votre travail de recherche vous a amenés à exprimer un concept en apparence paradoxal : le christianisme est responsable de la sécularisation du monde. La fin des religions est le fait d'une religion. Dans un livre récent, Girard va même jusqu'à dire que « l'athéisme, au sens moderne du terme, est une invention chrétienne [2] ». Voir par conséquent la

---

1. *Pordenonelegge*, Pordenone, 25 septembre 2004.
2. R. Girard, *Origine della cultura e fine della storia. Dialoghi con Pierpaolo Antonello e João Cezar de Castro Rocha*, Milan, Cortina, 2003, p. 200. Éd. fr. : *Les Origines de la culture : entretiens avec*

sécularisation et la laïcité, dans leur acception commune, comme opposées au christianisme et en conflit avec lui est pour vous une erreur à la fois historique et philosophique. Comment expliquer ce paradoxe apparent ?

GIRARD : Pour pouvoir articuler ces arguments de mon point de vue, il faut adopter une perspective anthropologique, historique et évolutive. Le christianisme représente une rupture dans l'histoire culturelle de l'homme – en particulier dans son histoire religieuse –, car pendant des dizaines de milliers d'années, les religions ont été ce qui a permis aux communautés primitives de ne pas s'autodétruire. Souvent, en effet, les êtres humains, plus encore que les animaux, font preuve de violence. Mais attention : par ce terme, je désigne non pas un comportement agressif, mais un phénomène inhérent à certaines dynamiques sociales – représailles, vengeances, volonté de rendre œil pour œil et dent pour dent. Tout cela parce que l'être humain est fondamentalement compétitif, parce que les hommes désirent toujours les mêmes choses que les autres hommes, car ils sont, selon mon expression, « mimétiques » ; et aussi parce qu'ils se livrent à des guerres intestines et entretiennent des conflits sans fin, qui instaurent des cercles vicieux de violence dont

---

Pierpaolo Antonello, João Cezar de Castro Rocha, Paris, Hachette Littératures, 2006.

aucun système « judiciaire » ne permet de sortir. Voilà pourquoi la mythologie, et surtout les mythes sur les origines, commencent toujours par le récit d'une crise, une crise dans les rapports humains, souvent interprétée comme une « plaie » ou une « peste ». Cette crise se conclut d'ordinaire par une altération soudaine de l'unanimité mimétique, en vertu de laquelle la violence de la communauté se polarise sur une victime choisie pour des raisons arbitraires : avec sa mise à mort, l'ordre social est rétabli. Telles sont les grandes lignes du schéma de structuration mythique des cultures et des religions primitives, qui reposent sur un lynchage fondateur, une expulsion d'abord réelle, puis symbolique, de victimes innocentes.

Le christianisme qui, contrairement à ce que les anthropologues ont souvent soutenu, n'est pas un mythe parmi tant d'autres, renverse complètement cette perspective. Dans le mythe, le point de vue est toujours celui de la communauté qui décharge sa violence sur une victime qu'elle considère coupable, et à travers l'expulsion de laquelle elle rétablit l'ordre social, à ce point précieux que la victime est divinisée, investie d'un pouvoir sacré par la communauté qui l'a expulsée. « Sacrifer » signifie en effet « rendre sacré ». Dans le récit mythique, cependant, la victime est toujours coupable et représentée comme telle. Il suffit de penser à Œdipe, qui commet un parricide et un inceste et qui est donc banni. Freud prend ce mythe à la lettre, tandis que le christianisme nous aide à comprendre que la vérité cachée et refoulée est autre. Le mythe des religions primitives met en scène une farce, à laquelle les foules, en proie au paroxysme mimétique, croient, restant ainsi « ignorantes », précisément parce que, comme l'expliquent les Évangiles, ces hommes « ne savent ce qu'ils font ». Le christianisme, du point de vue sociologique et anthropologique, nie cet ordre et cette lecture mythiques, car il raconte la même scène, mais du point de vue de la victime, qui est toujours innocente. Il détruit par conséquent les religions qui unissent et coalisent les gens contre des victimes arbitrairement choisies, comme toutes les religions naturelles l'ont toujours fait, à l'exception des religions bibliques.

Le christianisme renverse donc cette situation en démontrant que la victime n'est pas coupable et que la foule unanime ne sait pas ce qu'elle fait lorsqu'elle l'accuse injustement. On en trouve déjà des exemples dans l'Ancien Testament – avant même la Passion, qui représente pour moi le sommet de la révélation de l'innocence de la victime sacrifiée par une communauté injuste et violente. Prenons le cas d'Isaïe, 52-53 : l'innocence de la victime est mise en évidence, mais celle-ci est quand même condamnée par la foule en proie au délire mimétique, unanimement convaincue d'avoir trouvé un coupable pour toutes ses crises internes. Dans de telles circonstances, nous n'avons plus des comportements ou des consciences individuels, mais nous rejoignons la logique unanime de la foule. Au cours de la Passion, même Pierre, lorsqu'il se retrouve parmi la masse qui accuse le Christ, cède à la tentation et le renie. Les Évangiles et la Passion de Jésus révèlent et déploient dans sa totalité cette vérité anthropologique : tout au long de notre histoire d'animaux culturels, nous n'avons cessé de chercher des boucs émissaires pour résoudre nos crises et nous les avons tués, pour ensuite les diviniser, sans savoir cependant ce que nous faisions. La Passion du Christ nous l'apprend et nous le dit en toute clarté : Jésus est une victime innocente, sacrifiée par une foule unanime à se révolter contre lui, après l'avoir ovationné à peine quelques jours plus tôt. Et cela sans aucune raison particulière. Une telle prise de conscience conduit à la rupture du mécanisme de méconnaissance, de couverture cognitive, qui fondait le schéma mythique : dorénavant, nous ne pouvons plus feindre d'ignorer que l'ordre social se construit en sacrifiant des victimes innocentes. Le christianisme nous prive de ce mécanisme, à la base de l'ordre social et religieux archaïque, et nous introduit dans une phase nouvelle de l'histoire de l'homme, que nous pouvons légitimement appeler « moderne ». Pour moi, toutes les conquêtes de la modernité partent de là, de cette prise de conscience interne au christianisme.

ANTONELLO : Votre point de vue, Gianni Vattimo, reprend les prémisses de Girard, surtout telles qu'elles ont été articulées dans *Des choses cachées depuis la fondation du monde*[1], mais en les déclinant philosophiquement de manière différente et en les intégrant aux réflexions de Heidegger sur la fin de la métaphysique et sur la dissolution de l'Être, c'est-à-dire de toute vérité ontologiquement stable. À travers l'incarnation et la mort du Christ puis la révélation, qui en découle, du mécanisme violent et victimaire autrefois fondateur du sacré et des religions naturelles, nous apprenons que Dieu lui-même « s'affaiblit », ouvrant ainsi un espace où l'homme peut s'émanciper, au point de pouvoir devenir « athée » et « laïc ».

VATTIMO : Je dois avant tout reconnaître que Girard est à l'origine de ma conversion et qu'il a donc beaucoup de mérite – même si je ne sais pas jusqu'à quel point il serait content de savoir à quoi il m'a converti ! Pour moi, la lecture de son œuvre a été aussi décisive que celle de certains écrits de Heidegger qui, à une autre époque de ma vie, m'ont profondément marqué (d'un point de vue non seulement intellectuel, mais encore existentiel et personnel). Girard m'a en effet permis de comprendre l'essence événementielle, historique et progressive du christianisme et de la modernité. D'habitude, nous qui avons grandi dans un milieu catholique, avons toujours imaginé qu'il existait

---

[1]. R. Girard, *Des choses cachées depuis la fondation du monde*, Paris, LGF, 2004.

une antithèse entre être chrétien et être moderne. La Révolution française, les Lumières, la démocratie, le libéralisme, le Syllabus – pour ceux qui l'ont lu – ont été conçus en opposition à la foi religieuse et en particulier au christianisme, perçu comme conservateur et obscurantiste. La modernité était une chose et le christianisme en était une autre. En philosophie, pour être chrétien, il fallait revenir aux philosophes du passé : Aristote, saint Augustin, saint Thomas, et ainsi de suite.

Découvrir Girard voulait dire découvrir que Jésus était venu dévoiler quelque chose que les religions naturelles n'avaient pas dévoilé : le mécanisme victimaire qui les fonde. Cette révélation nous a permis de miner et enfin de dissoudre de nombreuses croyances propres aux religions naturelles. L'histoire même du christianisme est celle de la dissolution – avec l'aide, je crois, en bon catholique que je suis, du Saint Esprit – des éléments de violence naturelle, de sacré naturel, présents dans l'Église. Toutes les disciplines que la tradition a imposées aux chrétiens ont quelque chose de violent, mais elles sont aussi liées à une contrainte qui s'est en quelque sorte sécularisée. Le mot-clef que je me suis mis à utiliser après avoir lu Girard est en effet celui de *sécularisation*, entendue comme réalisation effective du christianisme en tant que religion non sacrificielle. Et je pousse les choses encore plus loin en considérant comme positifs plusieurs aspects de la modernité apparemment scandaleux et « dissolus ». La sécularisation serait donc non pas l'abandon du sacré, mais l'application complète de la tradition sacrée à des phénomènes humains précis. L'exemple qui me vient à l'esprit est celui de Max Weber, qui voit dans la société capitaliste la fille légitime de l'esprit protestant. En ce sens, je développe une théorie positive de la sécularisation, qui naît de la réinterprétation non victimaire des Écritures par l'Église. Le christianisme est enfin la religion qui ouvre la voie à une existence non strictement religieuse, affranchie des liens, de la contrainte, de l'autorité – et je pourrais ici me référer à Gioacchino da Fiore, qui a parlé d'un troisième âge de l'histoire de l'humanité et de celle du Salut, où le sens « spirituel » de l'Écriture se manifeste toujours davantage, et où la charité remplace la discipline.

Au vu de ces prémisses, que j'ai justement empruntées à la lecture de *Des choses cachées...*, je serais cependant tenté de poser à Girard la question suivante : le christianisme n'a-t-il pas introduit dans le monde quelque chose qui devrait aller jusqu'à éliminer l'appareil ecclésiastique ? La révélation chrétienne nous fait prendre conscience que le mécanisme victimaire est horrible et que nous devons le changer. Mais jusqu'où ? Jusqu'où le christianisme doit-il supprimer les éléments de violence présents dans les traditions religieuses ? Si l'orthodoxie catholique déclare qu'il est interdit d'avorter, de divorcer, de faire des expériences sur les embryons, etc., cela n'équivaut-il pas au maintien d'une certaine violence de la religion naturelle au sein d'une religion historique et positive qui n'a révélé que l'amour ? Jésus-Christ est venu au monde pour dévoiler que la religiosité réside non pas dans les sacrifices, mais dans l'amour de Dieu et de notre prochain. Tout ce qui, dans l'Église, ne se ramène pas à cela n'est-il pas encore de la religion naturelle et victimaire ?

ANTONELLO : René Girard, comment répondre à cette objection ? Et quel rapport existe-t-il entre le christianisme historique et le « sacré » que le christianisme évangélique s'efforce de dépasser ?

GIRARD : Vattimo est très intelligent et très sympathique, et j'apprécie beaucoup ses idées. Il s'est efforcé de vous suggérer que j'approuve tout ce que l'Église est et tout ce qu'elle a fait dans le monde. Je ne prétends pas que le christianisme ait transformé le monde autant qu'il aurait dû ou pu le faire. Il a lutté contre les religions archaïques et lutte encore contre des formes plus ou moins explicites de sacré. Le christianisme historique a conservé des éléments de religion archaïque, de religion historique ; la société, la politique, la culture et l'ensemble du monde où nous vivons sont historiques, et cela vaut aussi pour les religions. On a tenté et on tente encore de s'adapter, de s'ajuster, mais il est évident que cela demande beaucoup de temps. Car l'idée chrétienne s'est insérée dans un monde où la territorialité, où le concept de vengeance étaient forts, où les actions des êtres humains étaient strictement assujetties à des actions de groupe, à des mécanismes unanimes que nous pourrions qualifier de tribaux. Le christianisme qui s'efforce d'entrer dans ce monde dangereux n'a pas la vie facile ; il est clair qu'il a besoin de milliers d'années pour parvenir à déstructurer quelque chose. C'est ce que Vattimo ne voit pas – mais sans doute n'est-il pas aussi obsédé par cela que moi.

Nous vivons dans un monde où les possibilités d'action de l'homme sont en augmentation constante, avec des répercussions de plus en plus vastes. Très souvent, les hommes primitifs n'osaient même pas cultiver un lopin de terre à cause du respect et de la crainte que leur inspiraient les esprits occupant ce territoire (toutes ces divinités qui imprégnaient la nature et qui, à mon avis, ont été à l'origine des victimes émissaires transformées en dieux). Nous n'éprouvons plus ce genre de craintes.

Je reconnais que la philosophie des Lumières a représenté un moment historique où la partie chrétienne, occidentale, de l'humanité s'est rendu compte que le monde changeait, que les gens étaient plus libres et que la désacralisation du monde, comparée à l'époque préchrétienne ou même seulement au Moyen Âge, offrait à l'homme une plus grande possibilité d'action. Mais on a alors vu s'instaurer la croyance erronée selon laquelle ce phénomène était le produit exclusif de l'action des hommes, de leur génie individuel, ou du génie de l'être humain en général. Dans le même temps cependant, la conscience de la responsabilité humaine envers le monde n'a pas augmenté. Nous disposons d'armes de plus en plus puissantes, mais nous avons un sens très faible de nos responsabilités. Si notre évolution culturelle nous a conduits à remplacer Dieu, alors nous devrions nous rendre compte que nous nous sommes chargés d'une responsabilité énorme et qu'il faudrait nous interroger sur l'importance de la religion tout autrement que ne le font aujourd'hui les mass media. Ces derniers perçoivent en effet la religion comme une pensée étrangère à la nature humaine, quelque chose qui se présente sous la forme d'une contrainte, d'un lien, qui peut être nuisible à la santé. La religion nuirait à l'homme, comme le tabac. Mais ce discours néglige le fait qu'il est dans la nature humaine d'avoir des croyances religieuses, et que celles-ci doivent avoir un but anthropologique et social. Nous devons aujourd'hui nous demander ce que signifie vivre dans un monde où l'on prétend se passer de la religion. N'y a-t-il pas là un danger, en particulier celui d'un déchaînement de la violence ? Alors qu'il n'est pas impossible, nous le savons, que nous provoquions un jour la fin du monde tel que nous le connaissons, la disparition de la religion ne nous expose-t-elle pas au risque du déchaînement d'une dimension « apocalyptique » ? Ce que je dis n'est évidemment pas compatible avec la modalité apocalyptique du fondamentalisme protestant, qui imagine le monde détruit par la violence de Dieu, car cela est par essence antichrétien. À mon sens, les vrais textes apocalyptiques, qu'on ne lit hélas jamais, sont le chapitre 13 de l'Évangile selon saint Marc et le chapitre 24 de l'Évangile selon saint Matthieu ; pour moi, du point de vue d'un christianisme fondamental, ils comptent encore plus que l'Apocalypse de saint Jean lui-même.

Dans le même temps, tout en sachant cela, nous tournons en dérision des textes bibliques comme l'Apocalypse, alors que nous devrions les prendre très au sérieux, puisque la fin du monde y est précisément mise en relation avec le christianisme. Car le judaïsme et le christianisme sont conscients que si nous nous efforçons de nous passer de toutes les prohibitions, des limites que les religions archaïques imposaient, non seulement nous nous mettons en péril nous-mêmes, mais nous faisons aussi peser une menace sur l'existence du monde. Les religions archaïques naissent en effet d'une telle prise de conscience. Nous agissons au contraire aujourd'hui comme si nous étions les maîtres du monde, les seigneurs de la nature, sans aucune médiation ou arbitrage, comme si tout ce que nous faisons ne pouvait pas avoir de répercussions négatives. Mais nous savons tous très bien que ces tabous archaïques possédaient une valeur et une signification. Les êtres humains, de même que les nations, ne peuvent pas vivre sans éthique. C'est bien beau d'imaginer que tout est possible, mais en réalité, chacun de nous sait parfaitement qu'il existe des limites. Si les êtres humains et les nations continuent à éluder leurs responsabilités, les risques deviennent énormes. Vattimo voudrait nous faire croire que nous pourrions habiter une sorte d'Éden : il suffirait de nous rendre compte que nous y sommes déjà, que les dangers n'existent pas ; malheureusement, le monde qui nous entoure ne l'écoute pas.

Nous avons besoin d'une bonne théorie de la sécularisation, car celle-ci correspond aussi à la fin du sacrifice, ce qui nous prive de nos moyens culturels habituels d'affronter la violence. Il y a une temporalité du sacrifice, et la violence est sujette à l'érosion et à l'entropie, mais la manière dont Vattimo s'y oppose me semble symptomatique. Lorsqu'on se débarrasse du sacré grâce au christianisme, il se produit certes une ouverture salutaire vers l'*agapè*, la charité, mais on prend aussi le risque de générer une violence supérieure. Le monde dans lequel nous vivons est, de l'avis général, moins violent que par le passé, et nous prenons soin des victimes comme aucune autre civilisation ne l'a jamais fait, mais ce monde est aussi le plus persécuteur et le plus meurtrier de l'Histoire. Le bien comme le mal semblent y augmenter également. Aussi, pour défendre une théorie de la culture, il faut rendre compte des aspects extraordinaires de cette culture. Dans *Credere di credere*, Vattimo utilise l'idée de Max Weber sur la sécularisation comme cause du désenchantement du monde. Tu dis que « le désenchantement du monde a aussi produit un radical désenchantement de l'idée même de désenchantement[1] ». Je suis d'accord. Malgré toute son intelligence, Weber n'avait découvert qu'à moitié le paradoxe que représente la présence simultanée, dans le monde contemporain, d'un haut degré de développement et d'une bonne dose de désagrégation, mais il existe bien d'autres paradoxes, qui s'intensifient avec le temps et deviennent de plus en plus fascinants.

VATTIMO : J'ai peut-être, dans ma réflexion initiale, simplifié la pensée de Girard. Je ne vois certes pas en lui un immobiliste et je ne veux pas le rendre plus papiste que ce qu'il peut sembler être. On sent chez lui, y compris dans ce qu'il vient de dire, l'idée d'une nature humaine posant, en quelque sorte, des limites. Je suis pour ma part convaincu qu'en suivant sa propre démarche, on pourrait déconstruire jusqu'au concept de nature humaine, entendue comme limitatrice. Baget Bozzo dirait que Jésus s'est fait homme pour nous expliquer que le démon existe et qu'il est très dangereux. Mais il aurait pu nous envoyer une lettre, sans aller jusqu'à se faire crucifier ! Un chrétien moins influencé par Baget pourrait soutenir que Jésus s'est fait homme non seulement pour dévoiler l'existence du mal, mais encore pour le détruire. Il ne vient pas nous dire : « Souviens-toi que tu dois mourir ! », mais bien au contraire : « Mort, où est ta victoire ? »

---

1. G. Vattimo, *Credere di credere*, Milan, Garzanti, 1996, p. 18. Éd. fr. : *Espérer croire*, Paris, Seuil, 1998, traduit de l'italien par Jacques Rolland.

À partir de la théorie de Girard, on peut alors vraiment élaborer un discours sur le christianisme qui ne décrit pas la « vraie » nature humaine, mais qui *la change*, la rachète. La rédemption ne consiste pas seulement à savoir que Dieu existe, elle signifie aussi savoir que Dieu nous aime et que nous ne devons pas avoir peur de l'obscurité. Jusqu'où pouvons-nous aller en ce sens ? Mon objection est que le christianisme nous permet vraiment de dire : « Grâce à Dieu, je suis athée » ; ce qui signifie : « Grâce à Dieu, je ne suis pas idolâtre ; grâce à Dieu, je ne crois pas qu'il existe des lois de la nature, des limites infranchissables. Je crois seulement que je dois aimer Dieu par-dessus tout et mon prochain comme moi-même. »

Un catholique conservateur pourrait me demander : « Mais quand tu dis que tu aimes Dieu, qu'aimes-tu ? Ne devrais-tu pas plutôt dire que tu aimes les lois de la nature ? » Non, car une telle identification de Dieu et des lois de la nature est très dangereuse : dans cette hypothèse, je devrais en effet aimer aussi le fait que les Blancs sont traditionnellement plus riches et plus civilisés que les Noirs. Les lois du marché (les lois de la nature que prêche la droite !) nous disent que le plus fort gagne et que le plus faible perd. Voilà pourquoi je ne suis pas naturaliste, en aucun sens du terme. Certes, le monde a été créé par Dieu, mais dois-je comprendre cette formule au pied de la lettre ? Cela reviendrait à dire que, si Dieu a fait que les gros poissons mangent les petits, alors je dois donner aux gros poissons des sardines et des anchois, les aider, simplement parce que la loi de la nature le veut ainsi ? Ou bien dois-je tenter de les changer et par exemple de les rendre végétariens ? Transformer un carnivore en végétarien, est-ce violer les lois de la nature ? Cela me semble absurde. Ce serait une vérité chrétienne au sens de Girard. Ce dernier est certes plus anthropologue que philosophe, comme l'a dit Antonello tout à l'heure, et au fond de sa pensée, comme on le voit aussi dans son livre *Les Origines de la culture*[1], demeure encore l'idée selon laquelle le dévoilement du mécanisme victimaire, que Jésus a rendu possible au prix de sa vie, offrirait une clef pour mieux comprendre et mieux décrire la nature humaine. Mais je ne suis pas d'accord avec lui sur ce point, car Heidegger et Nietzsche m'ont appris que poser des structures constitue toujours un acte d'autorité. Qui vous demande votre carte d'identité ? La police. Mais alors, pourquoi Girard ne peut-il pas aller jusqu'à admettre qu'il existe dans le christianisme une essence dynamique et révélatrice et que la fin de l'Histoire et le but de la vie consistent à supprimer toujours davantage les limites ? C'est ce que pensait aussi Hegel et ce que disait la philosophie des Lumières. Nous ne pouvons pas accepter qu'il y ait des limites, des *nec plus ultra*. Jésus est venu dire que *rien* n'est impossible.

Non, je ne crois pas habiter l'Éden. Mais il existe des moments de plénitude que nous aimons vivre et

---

[1]. R. Girard, *Les Origines de la culture, op. cit.*

que l'on pourrait rendre plus durables si nous pouvions tous éprouver plus d'amour les uns pour les autres – ce qui n'est pas impossible, car la nature humaine ne connaît pas ce genre de limites. « Soyez aussi parfaits que votre Père qui est aux cieux. » Il s'agit là d'un précepte évangélique. Je désire être aussi parfait que mon Père. Comment se pourrait-il que Jésus nous ait demandé quelque chose d'absolument impossible ?

ANTONELLO : Mais ne croyez-vous pas cependant que vous vivez, comme le soutient Girard, dans un contexte historique en raison duquel les hommes, dans toute société, doivent se donner des contraintes, des limites d'ordre éthique ? Certes pas le système de tabous et de prohibitions caractéristiques du sacré et des sociétés prétechnologiques, mais des « structures » de comportement normatives partagées. Quel rôle le christianisme joue-t-il dans la construction de cette éthique collective ?

VATTIMO : Je crois avant tout que le propos de Girard doit être repris et rapproché de l'idée d'une consumation du christianisme. Toujours moins d'idoles, toujours plus d'« athéisme ». Pas de preuves naturelles de Dieu, mais seulement la charité et, certainement, l'éthique. Je dis toujours que l'éthique n'est autre que la charité, augmentée des règles de la circulation. Je respecte celles-ci parce que je ne veux pas éliminer mon prochain et que je dois l'aimer. Mais penser que griller un feu rouge a quelque chose de contre-nature est ridicule. Si vous pensez à l'éthique en un sens chrétien, ce ne peut être que cela. Sinon, vous trouverez toujours quelqu'un pour vous dire qu'il connaît les lois de la nature mieux que vous. Mais on pourrait me demander : en quoi crois-tu, toi ? Je suis un citoyen démocrate, je ne dois sauver que mon âme et ma liberté. Ma liberté d'être informé, d'exprimer mon consentement, de participer à l'élaboration de lois sur lesquelles nous tombons d'accord en nous respectant réciproquement au nom de la charité. Je sais que ce n'est pas facile, mais tous les autres systèmes ont toujours conduit à l'existence d'autorités qui savent mieux que moi ce que je dois faire et qui m'imposent donc quelque chose.

Je suis responsable envers les autres et par conséquent aussi envers l'histoire de l'Église, envers l'humanité. Je ne veux pas me comporter comme un éléphant qui entre dans un magasin de porcelaine et qui casse tout. J'éprouve un profond respect pour les saints chrétiens. Comme je l'ai dit un jour, je préfère ressembler à saint Joseph, avec ses airs de père putatif, plutôt qu'à Cesare Romiti [1]. Je respecte profondément la tradition chrétienne, la sainteté, mais pas au point de ne pas prendre de bain, comme le faisait, paraît-il, saint Louis de Gonzague, pour ne pas voir sa nudité. Il agissait par

---

1. Homme d'affaires italien, ancien directeur général du groupe Fiat (N.d.T.).

sainteté ; je préfère ne pas sentir trop mauvais quand je me promène. Tout cela est de la charité, augmentée des règles de la circulation : l'éthique, c'est cela.

GIRARD : Je n'ai rien à objecter, pour l'essentiel, à ce que Vattimo vient de dire. Dans les milieux intellectuels européens, sa conversion a été un événement important, car il appartient à ce mouvement, passé de Heidegger au structuralisme puis au déconstructionnisme, qui se caractérise par une attitude d'extrême optimisme envers l'Histoire – notion qui n'a d'ailleurs pas beaucoup de sens pour les représentants de cette école, dont le maître mot pourrait être le mot « jeu ». Tout est ludique, tout se réduit à un jeu linguistique. Disons que, d'un point de vue sociologique, ils peuvent se le permettre : la plupart d'entre eux proviennent du monde académique et sont convaincus qu'il y aura toujours une université pour les soutenir, grâce aux financements constants du système capitaliste, et que rien ne saurait leur arriver. Ils ne perçoivent sans doute pas les mêmes salaires que les ingénieurs de la Silicon Valley, mais leur vie n'en est pas moins aisée et bien réglée.

Cette école s'est proposé de rompre avec l'idéalisme allemand, mais pas de déconstruire notre civilisation ou notre monde. Vattimo a réagi à ce type d'attitude de très belle manière. D'ailleurs, nous apprenons chaque jour un peu plus que la religion l'emporte sur la philosophie et la dépasse. Les philosophies sont en effet à peu près mortes ; les idéologies, presque défuntes ; les théories politiques, presque entièrement laminées ; la croyance selon laquelle la science pourrait remplacer la religion, désormais dépassée. Le monde laisse en revanche apparaître un besoin nouveau de religion, sous une forme ou sous une autre. Vattimo en a pris conscience. Toutefois, sa pensée demeure encore un peu trop imprégnée, du moins à mon goût, de cette atmosphère ludique de l'école où il a fait ses débuts et dont il s'est ensuite détaché.

Je crois que la tragédie réapparaît, dans tous les domaines : la politique, l'écologie, la société. Il nous est facile de vivre dans un monde aussi bien organisé que le monde occidental. Mais nous faisons partie des 25 % de privilégiés de la population du globe. Certains problèmes ne sont pas limités à l'intérieur d'une société, mais concernent toute la planète, surtout si nous avons conscience que seul un tiers ou un quart de la population mondiale peut s'approcher des privilèges dont nous bénéficions. Si la tragédie est de retour, et que nous commençons à la percevoir comme une tragédie religieuse, alors il reste de l'espoir ; si, au contraire, nous la considérons comme une tragédie grecque, alors c'en est fini.

VATTIMO : J'ai peut-être forcé le trait, tout à l'heure, à propos de Girard ; à présent, c'est lui qui me traite de joueur. Certes, je ne me prends pas aussi au sérieux que d'autres philosophes italiens, et je devrais peut-être me montrer un peu plus solennel. En réalité, je suis bien conscient des maux qui nous menacent. Mais je préfère, il est vrai, voir en eux non pas un signe de la nature humaine, mais bien plutôt celui de la malfaisance de quelques-uns, de la lutte des classes, de l'autoritarisme, etc.

Nous ne pouvons plus, j'en conviens, prendre au sérieux la tragédie grecque, car lorsque Œdipe a tué le malheureux Laïos et épousé Jocaste, il n'était pas conscient de ce qu'il faisait. Comme le diraient les philosophes des Lumières, il ne savait pas et tout est de la faute du destin. Mais si tout le monde avait circulé muni d'une carte d'identité portant nom et adresse, on aurait tout de suite résolu le problème. La tragédie grecque souffre, pour ainsi dire, d'un problème d'absence d'état civil !

Je ne suis pas du tout convaincu de vivre dans le meilleur des mondes possibles. Et je pourrais du reste objecter : ce retour de la tragédie vient-il de ce que nous avons été trop joueurs ou trop sérieux ? Sergio Quinzio a écrit des livres terribles, soutenant que le christianisme est un échec parce que nous en sommes arrivés là au bout de deux mille ans de conscience chrétienne [1]. Mais est-ce vraiment la faute des joueurs ou bien celle de la tradition, qui est ce qu'elle est ? Et ne

---

1. Cf. S. Quinzio, *La Sconfitta di Dio*, Milan, Adelphi, 1993.

serait-il pas utile, par conséquent, d'adopter une position un peu moins naturaliste, un peu moins autoritaire, un peu moins limitative, un peu moins métaphysique ? L'esprit pourrait enfin être le mot d'esprit et non pas, au contraire, tout ce discours si pesant. Le paradis ne peut être qu'un jeu. La finalité de notre vie est esthétique et ne peut être éthique. Même si l'éthique, dans l'intervalle, compte beaucoup. L'« intervalle » se réfère au respect des autres plutôt qu'à celui de normes objectives.

Je vois aussi l'itinéraire de la philosophie contemporaine – des jeux de langage de Wittgenstein à l'idée de l'Être comme événement de Heidegger, à la version très particulière du pragmatisme proposée par Richard Rorty – comme un passage de la *veritas* à la *caritas*. Autrement dit, la vérité ne m'importe en rien, à moins de viser un but particulier. Pourquoi étudier la chimie ? Parce qu'elle me permet de produire des choses utiles à moi-même et à mon prochain. Mais en soi, franchement, savoir que deux plus deux font quatre ne me rapproche pas de Dieu ; pas plus d'ailleurs que croire que deux plus deux font deux cent vingt. Sinon, tout se réduirait à un manuel de géométrie ! Mais la Bible n'est pas un manuel d'astronomie, ni de cosmologie, pas même de théologie. Même si elle nous parle de « Dieu le père », personne ne se scandalise plus si quelqu'un dit que Dieu est aussi mère, oncle ou parent proche. Pourquoi donc devrions-nous le penser comme un père ?

Je suis moi aussi convaincu, comme le disait Girard, qu'on revient aujourd'hui à la religion parce qu'on a compris que tous les savoirs autrefois considérés comme définitifs se sont avérés dépendants de paradigmes historiques, de conditionnements de tous ordres : sociaux, politiques, idéologiques, etc. Nous ne pouvons plus dire que si la science ne connaît pas Dieu, alors Dieu n'existe pas. La science ne parvient même pas à établir si dire que je suis amoureux signifie quelque chose ou non. L'essentiel de notre vie, à savoir nos sentiments, nos valeurs, nos espoirs, n'est pas un objet de science.

Je ne suis donc pas du tout scandalisé par le fait que Dieu ne le soit pas non plus ; au contraire, ce serait plutôt une raison supplémentaire de croire en lui. « Seul un Dieu pourra nous sauver », disait Heidegger. Mais quel Dieu ? Celui de la théologie naturelle, des règles fixes, des limites indépassables ? Le juge censé se réjouir quand je serai en Enfer parce que j'ai été un peu cochon ? Vous y croyez vraiment ? Eh bien, si c'est cela, Dieu, gardez-le pour vous ! C'est justement ce Dieu-là que Jésus a voulu démentir lorsqu'il a dit : « Je ne vous considère pas comme des esclaves, mais comme des amis » ou encore « Vous serez avec moi dans mon royaume ».

ANTONELLO : Dans ce processus de « dissolution » des vérités ontologiques, quelle attitude devons-nous adopter envers la tradition historique, à laquelle nous puisons toujours, et qui, en tout état de cause, se caractérise par une croyance en ces « vérités » ? En outre, sur la base de quelles prémisses théologiques ou morales partagées peut-on construire un dialogue interreligieux ? Car il est probable que d'autres traditions pourraient difficilement accepter le nihilisme philosophique occidental, sans parler de sa déclinaison matérialiste et sécularisée.

VATTIMO : Une dame anglicane m'a dit un jour : « Mais tu te rends compte que nous sommes séparés simplement parce qu'Henri VIII s'est remarié ? Comment se peut-il que nous ayons encore de telles lubies ? » Lorsque le pape rencontre le dalaï-lama, craint-il vraiment que ce pauvre homme aille en Enfer parce qu'il n'est pas catholique ? Bergson disait quelque chose d'intéressant, lorsqu'il affirmait l'existence d'une phase mystique des religions ; peut-être y parviendrons-nous. Peut-être pouvons-nous vraiment atteindre cette dimension commune, mais ce qui nous en empêche ressemble au problème qui afflige la gauche italienne : il existe en effet des bureaucraties peu disposées à renoncer à leurs privilèges. Il en va de même dans les Églises. Je n'y vois rien d'autre que des hommes d'appareil, ayant sans doute leurs raisons de penser que les femmes ne peuvent pas devenir prêtres. La charité a-t-elle quelque chose à voir avec une telle interdiction ? Non. Et donc ? Ce n'est qu'une question de contexte historique. À l'époque de Jésus, les femmes n'étaient ni avocats ni ingénieurs, mais les apôtres n'étaient pas non plus allemands (ni polonais), et pourtant ils étaient mariés, pêcheurs, percepteurs des impôts ; or, le pape n'est pas marié et n'a jamais exercé l'activité de pêcheur.

Je veux dire que même d'un point de vue œcuménique, il serait utile de se séparer un peu plus des appareils politiques. Lorsque le cardinal Ruini dit que le Crucifié est le symbole de notre nationalité, je le giflerais, si j'étais le Crucifié ! Pensez donc ! Je n'ai pas envie de faire de Jésus un membre de la Ligue du Nord, il n'a rien à voir avec notre nation. Et sans doute rien non plus avec l'identité de l'Europe. Ou plutôt : c'est précisément en tant que chrétien que je crois qu'il ne faut pas faire des « racines chrétiennes » un élément de discorde, un thème de conflit au sein de l'Union européenne. Ou alors mieux vaut ne pas en parler.

Dans les débats, j'ai tendance à exagérer la portée polémique de mes propos, mais je suis convaincu que s'il existe une raison valable de croire en l'éthique, c'est par fidélité envers ceux qui m'ont précédé, ceux qui me suivront, et donc aussi envers l'histoire et la tradition des saints. Je ne peux pas m'en débarrasser, car je n'ai rien d'autre. Ce sont mes instruments de bord, comme les Écritures saintes et les enseignements de l'Église. Ils sont, jamais je ne l'oublie, comme le flambeau que je dois porter et transmettre à mes successeurs. Je ne peux pas la mettre de côté ni l'enterrer, pas plus que mes talents.

Je vois là un bon projet pour le christianisme. Quel projet puis-je en effet avoir dans le monde, si je suis chrétien ? Revendiquer l'autorité de l'Église, les dogmes, ou bien m'efforcer de parvenir à une situation différente, œcuménique, où l'on s'unisse vraiment, où l'on s'aime, y compris en politique ? Je sais que ce n'est pas facile, mais l'autre voie, celle des certitudes absolues, nous a donné le monde que nous avons. On peut m'objecter : mais alors, tu liquides toute certitude absolue ? Et comment ! C'est à cause d'elles que nous en sommes arrivés là, à parler de tragédie. Éliminons-les donc, ces vérités !

GIRARD : Vattimo est parfait tel qu'il est et je ne cherche certes pas à le moraliser ni à lui donner des conseils d'aucune sorte. Cependant, même d'un point de vue esthétique, j'ai du mal à accepter sa volonté de ne poser aucune limite, qui, selon moi, va en réalité dans le sens d'un refus de l'éthique, en particulier face à la modernité et à ce dont nos lendemains seront faits. Le refus de l'éthique est un des grands clichés de la modernité et remonte au XVIIIe siècle, ou même avant, mais à mon avis, il est aujourd'hui à bout de forces, même dans le domaine esthétique.

Je ne veux contraindre personne à devenir apocalyptique et à se couvrir la tête de cendres, mais j'ai des enfants et des petits-enfants et je dois admettre que j'ai peur. J'éprouve la sensation qu'il se passe dans notre monde quelque chose de toujours plus épouvantable.

J'ai commencé à réfléchir au destin du monde en 1945, à l'époque où l'on inventa et où l'on utilisa la bombe atomique. Jusqu'à aujourd'hui, elle n'a pas été aussi destructrice qu'on pouvait le craindre, car elle a joué un rôle de dissuasion. Vers le milieu des années 1950, nous nous sommes rendu compte que les Russes avaient sans doute de nombreux défauts, mais qu'ils ne voulaient pas mourir. Dans le monde actuel, nous voyons au contraire des gens, de plus en plus nombreux, prêts à mourir pour tuer des innocents qu'ils n'ont jamais vus. Face à ce terrorisme qui a su vaincre même les technologies les plus sophistiquées et les plus efficaces, nous devons prendre conscience que nous vivons dans un monde ouvert à de nouveaux risques, à des possibles effrayants, surtout pour nous, qui appartenons à la partie privilégiée du monde. Tout cela, selon moi, requiert une réflexion de fond, qui me semble absente du débat politique contemporain.

Je voudrais aussi ajouter quelque chose sur la question de la vérité, soulevée par Vattimo. Je suis religieux, mais pourquoi ? Selon moi, tout se rattache au « dévoilement du mécanisme victimaire ». Pour moi, ce « dévoilement » correspond à la Passion. Pourquoi le christianisme insiste-t-il tant sur elle ? Il la décrit comme la mort de notre Sauveur, ce qui est important non seulement du point de vue religieux, mais aussi du point de vue anthropologique, car cela nous ouvre une perspective sur l'autre aspect de la culture humaine. Chaque mythe est en effet une Passion ayant échoué. Non pas en ce sens que la victime n'aurait pas été tuée, mais en ce que la vérité anthropologique de cette mort innocente n'a pas été révélée. La question que pose la Passion est : de quel côté nous situons-nous ? Avec la foule qui accuse Jésus d'être coupable, ou bien de l'autre côté ?

Selon moi, la supériorité de la puissance révélatrice de la Passion par rapport à l'Ancien Testament vient de son plus grand pragmatisme didactique. Non seulement elle nous révèle la *vérité* propre à tous les mythes antérieurs, mais elle nous montre aussi les deux positions en même temps, l'une à côté de l'autre. Et je pense qu'il y a là quelque chose d'extraordinaire. La Passion devient la clef pour comprendre la mythologie. Le mythe adopte toujours le point de vue de la foule, qui désigne la victime et la juge coupable, tandis que dans l'histoire de la Passion, nous percevons aussi l'autre point de vue, celui de la victime innocente. La question est alors, pour revenir à ce qu'affirmait Vattimo : tout cela est-il *vrai* ou *faux* ? Si cela est vrai, il s'agit d'une vérité *évidente*, manifeste. C'est surtout en ces termes que je parle de « vérité ».

Certains disent que je mêle la religion à la science. Ce n'est pas vrai. Je dis que tout tient dans le raisonnement suivant. Le christianisme est-il vraiment l'autre face de la mythologie ? Le christianisme est-il la vérité de toute mythologie ? Toute ma réflexion tourne autour de la question de savoir si le christianisme ne serait pas ce qui nous révèle l'autre aspect, l'aspect caché des mythes. Et je ne veux pas dire par là qu'il nous livrerait la vérité sur Dieu du point de vue scientifique, mais qu'il nous dit une vérité sur les mythes et sur toute la culture humaine. Il s'agit de ce que les logiciens appellent le *common knowledge*, le sens commun. Et je crois que nous allons vers un futur où ce *common knowledge* sera de mieux en mieux accepté comme une partie de notre connaissance commune, et que nous vivrons dans un monde qui sera et apparaîtra aussi chrétien qu'il nous semble aujourd'hui scientifique. Je crois que nous sommes à la veille d'une révolution de notre culture qui dépassera tout ce que l'on peut imaginer, et que le monde se dirige vers un changement en comparaison duquel la Renaissance nous semblera insignifiante. Et il s'agit naturellement, du moins à mon avis, d'une perspective fascinante.

VATTIMO : Ce que Girard vient de dire me paraît significatif et surprenant. En un certain sens, il me semble être devenu plus optimiste que moi. Je crois qu'il reconnaît dans la modernité un germe chrétien que le christianisme officiel n'a pas voulu reconnaître. Ainsi, la Révolution française m'apparaît plus chrétienne que les sanfédistes. De ce point de vue, je crois moi aussi que le christianisme a développé, au sein de la civilisation occidentale, une activité qui va de pair avec la sécularisation, la découverte des libertés politiques, et ainsi de suite. Prenons l'exemple de la globalisation de l'information : nous voyons des tragédies comme celle du Rwanda, et nous en restons pétrifiés ; nous ne nous en préoccupons pas, car de toute façon, nous sommes confortablement assis à table. Cela est en partie vrai, mais je suis aussi convaincu qu'un peu d'humanitarisme moyen s'est diffusé dans le monde. Le volontarisme existe en Italie et dans de nombreuses autres parties du globe, de même que les adoptions à distance. Je ne suis pas convaincu que la culture occidentale et chrétienne soit pire que les autres.

Certes, le futur m'effraie moi aussi, mais plus pour des raisons écologiques que pour des questions de bien et de mal. Il n'est pas naturel que le monde prenne fin, de même qu'il n'est pas naturel que 15 % de l'humanité consomme 85 % de ses ressources. Réussirons-nous, en découvrant la vérité des mécanismes victimaires, à devenir une civilisation qui ne se contente pas de défendre ses propres privilèges ? Je suis d'accord avec ce que dit Girard, mais je voudrais souligner aussi l'importance de ce qu'il ne dit pas. Par exemple, penser que puisse se diffuser une conscience générale de la vérité du mécanisme victimaire a-t-il vraiment beaucoup de sens ? Ne vaudrait-il pas mieux, au contraire, qu'en attendant, les cultures d'origine chrétienne découvrent davantage le noyau du christianisme, plutôt que de le concevoir comme une explication de ce que la nature humaine est ce qu'elle est ? Car sinon, au point où nous en sommes, armons-nous et défendons-nous. Que faire en cas d'attaque ? Réciter des sermons ? Non, mais on peut se mettre à changer la politique, à changer les structures politiques de manière à réduire la violence. Je suis d'accord avec Girard pour dire qu'à l'origine de l'Histoire, il y a des actes de violence. Je ne suis en revanche pas tellement convaincu que la violence s'identifie à la mise à mort, car je suis par exemple favorable à l'euthanasie. La violence est plutôt une contrainte exercée sur l'autre et sur sa liberté. Si quelqu'un veut se jeter par la fenêtre, je l'attrape, je l'attache pendant quelques jours, je lui fais quelques caresses, je lui parle pendant des semaines. Si, après ce traitement, il veut toujours se jeter par la fenêtre, je dois le laisser faire, car sa liberté est plus importante que sa vitalité immédiate et que sa survie. Il serait intéressant de discuter là-dessus : l'autoritarisme consistant à dire : « Tu dois penser ainsi, un point c'est tout » n'est-il pas une forme de violence ? Et le christianisme, un acte d'amour plutôt que la révélation d'une vérité ? Même laisser quelqu'un, à un moment donné, se jeter par la fenêtre peut être un acte d'amour ! Sinon, je devrais l'enfermer dans une porcherie, comme l'a fait Muccioli[1] avec un de ses drogués, qu'il a laissé mourir « pour son bien ». Il y a, à l'origine de l'Histoire, une violence qui est l'autoritarisme, le non-respect de l'autre au même titre que moi, l'absence d'amour pour lui. L'origine du mal se situe

---

1. Vincenzo Muccioli (1934-1995), fondateur de la communauté de San Patrignano, destinée à venir en aide aux toxicomanes (N.d.T.).

là. À ce jour, je ne sais pas si le péché originel existe, mais je crois que tout le monde doit réduire la violence plutôt que la reconnaître. Sur ce point, Girard l'anthropologue l'emporte sur le Girard politico-chrétien, en ce sens que, selon lui, lorsque cette connaissance de la vérité anthropologique deviendra du sens commun, comme celui de la science, alors nous vivrons dans un monde plus juste et moins violent. À ce propos, ma critique profonde de la science est claire, car pour moi, elle est liée à la technologie, qui n'est autre que l'application forcée d'un ordre rationnel au monde (je crois que Girard, à en juger par ses propos, peut être d'accord avec moi là-dessus). Je continue donc à ne pas souscrire à son analyse sur ce point. Je n'ai pas changé d'avis et je crains de ne pas avoir convaincu Girard.

GIRARD : Personnellement, je suis d'accord avec Vattimo lorsqu'il dit que le christianisme est une révélation de l'amour, mais je n'exclus pas qu'il soit aussi une révélation de *vérité*. Car dans le christianisme, vérité et amour coïncident et sont la même chose. Je pense que nous devons prendre très au sérieux ce concept de l'amour, qui, dans le christianisme, est la réhabilitation de la victime accusée à tort, la vérité même, la vérité anthropologique et la vérité chrétienne. Et je pense que cette vérité anthropologique peut donner au christianisme l'anthropologie qu'il mérite. Car traditionnellement, la théologie chrétienne, juste en elle-même, s'est fondée sur une anthropologie « erronée » : l'anthropologie grecque, une anthropologie païenne, qui ne voit pas la responsabilité de l'homme en tant qu'être violent. Je crois, au contraire, qu'il convient de donner enfin à la théologie chrétienne l'anthropologie dont elle est digne.

Foi et relativisme [1]

ANTONELLO : Un des thèmes les plus débattus ces derniers temps en Italie est l'incompatibilité entre foi et relativisme, entre universalisme anthropologique ou moral d'un côté, et relativisme multiculturel de l'autre. De toute évidence, vous partez, du point de vue philosophique, de positions très différentes, mais nous voudrions tenter de voir quel type de conciliation pourrait exister entre ces deux positions.

VATTIMO : Sur la question du relativisme, je suis convaincu de ceci : j'ai emprunté à Girard l'idée selon laquelle Dieu ne peut être que relativiste – je suis conscient qu'il s'agit là d'une idée difficile à défendre – car la portée désacralisante du christianisme, qui va jusqu'à la *kénosis* paulinienne, c'est-à-dire jusqu'à

---

1. Table ronde conclusive d'*Identità e desiderio. Giornate di studi sull'opera di René Girard, tra scienze sociali e teoria letteraria*, Falconara, Salle du conseil, 10 mars 2006.

l'incarnation et l'humiliation, me semble être fondamentalement un point de départ vers l'idée que Dieu ne serait pas le contenu d'une proposition vraie, mais précisément *quelqu'un* incarné en Jésus-Christ, qui est un exemple de charité. Je suis aussi frappé par le fait que la première encyclique du nouveau pape s'intitule *Deus caritas est*, et non pas *Deus veritas est*, ce qui aurait fortement éveillé mes soupçons. Je dois dire qu'ensuite, à la lecture du contenu, mon enthousiasme s'est refroidi, mais il s'agit quand même d'un fait très important. Je pense à un Dieu relativiste car lui seul peut l'être vraiment, puisqu'il regarde les différentes cultures d'en haut. Dieu n'est pas le contenu d'une proposition, mais une personne venue parmi nous et qui nous a laissé un exemple de charité, démentant, entre autres, cette phrase que l'on cite toujours pour justifier tous les bûchers : « *Amicus Plato sed magis amica veritas* » (« Platon est mon ami, mais la vérité l'est plus encore »). Je crois que j'attribuerais volontiers à Girard la phrase : « *Amica veritas, sed magis amicus Plato* » (« La vérité est mon amie, mais Platon l'est plus encore »), et je ne voudrais certes pas qu'au nom de la vérité on puisse éliminer ce pauvre Platon, même s'il l'aurait peut-être bien mérité…

GIRARD : Je ne pense pas que la proposition « *Amica veritas, sed magis amicus Plato* » soit en réalité très différente de son contraire. C'est pour moi la même chose.

Je vais vous dire pourquoi je ne peux pas être relativiste. Je pense que le relativisme contemporain est le produit de l'échec de l'anthropologie moderne, de la tentative de résoudre les problèmes liés à la diversité des cultures humaines. Ma théorie de la mimésis voudrait démontrer que les différences culturelles, toutes significatives qu'elles soient à un certain niveau, ne le sont pas à un autre. Il existe des milliers de manières de codifier et de réguler la vie en société – voyez par exemple les lois sur le mariage –, mais elles ont toutes un but unique : prévenir les conflits, et donc transformer des individus qui pourraient se haïr en personnes capables au contraire de s'aimer les unes les autres. L'analyse de ces cultures permet d'identifier les milliers d'obstacles que l'on dresse entre individus potentiellement rivaux – ces obstacles varient, car les problèmes à résoudre varient eux aussi, mais ils poursuivent toujours le même objectif. Je n'ai jamais cessé de croire que le relativisme masque l'unité de la connaissance, qui ne peut exister que si l'on accepte ce point de départ. Le but principal de mon travail a consisté à démontrer que cela est vrai dans le plus controversé de tous les domaines, celui de l'anthropologie moderne. Elle a échoué parce qu'elle n'est pas parvenue à expliquer les différentes cultures humaines comme un phénomène unitaire, et voilà pourquoi nous sommes aujourd'hui embourbés dans le relativisme. Je ne veux certes pas imposer mon point de vue, mais il m'est difficile d'oublier certains absolus, et, à mon avis, le christianisme propose une solution à ces problèmes précisément parce qu'il démontre que les obstacles, les limites que les individus se posent les uns aux autres, servent à éviter un certain type de conflits. Si l'on comprenait que Jésus est la victime universelle, venue expressément pour les dépasser, le problème serait résolu.

VATTIMO : Je suis convaincu qu'à ce propos, Girard a raison d'un point de vue anthropologique : je ne pense pas, moi non plus, que toutes les anthropologies soient également vraies ou également fausses, et la défense par Girard de sa propre anthropologie me semble extrêmement importante, car elle constitue, en un certain sens, une « vérité scientifique ». Il en va comme en physique : toutes les hypothèses ne peuvent pas être considérées comme égales. Je ne suis en revanche pas tellement convaincu que la modernité, ou en tout cas le relativisme contemporain, provienne de l'échec de l'anthropologie. Mais existe-t-il vraiment un authentique *relativiste* ? Je fais ici allusion à un entretien accordé au *Monde* par Ricœur peu de temps avant sa mort. On lui demanda s'il était relativiste et il répondit : « Je ne sais pas. Si vous me demandez ce en quoi je crois, je vous répondrai que, sur la base de mon expérience, des livres que j'ai lus, de ma vocation, je suis là. » Il répondait ainsi par la phrase de Luther : « *Hier bin Ich.* » Je n'ai jamais connu de relativiste, de même que je n'ai jamais entendu quelqu'un dire : « Toutes les théories, y compris la mienne, ont la même valeur. » Je soupçonne donc qu'aujourd'hui une grande partie de la polémique contre le relativisme – je ne parle pas de Girard – vise en réalité le libéralisme de la société : seule une société libérale peut être relativiste, car elle doit admettre différents types d'opinions. Si je voulais me corriger de mon péché de relativisme, comme le pape me le demande, que devrais-je faire ? Que voudrait le pape ? Penser que lui seul a raison ? Je ne suis pas très convaincu que le relativisme soit une théorie erronée, car ce n'est pas une théorie, mais tout au plus une doctrine sociale : dans la société, il faut admettre, pour des raisons de charité, des positions multiples ; et de manière générale, je suis convaincu de ceci : ne disons pas que nous nous mettons d'accord quand nous avons trouvé la vérité, mais que nous avons trouvé la vérité quand nous nous sommes mis d'accord.

Il est clair qu'on peut encore parler de vérité, mais seulement parce que, dans l'accord, nous avons trouvé et réalisé la *caritas*. La *caritas*, sur le terrain des opinions, sur celui des choix de valeurs, devient vérité lorsqu'elle est partagée. Richard Rorty, qui n'est certes pas un penseur girardien (ou peut-être l'est-il sans le savoir), propose par exemple de remplacer le terme « vérité » par celui de « solidarité » ; quant à moi, je propose brutalement de le remplacer par celui de « charité », car tout le reste n'est qu'opinions. Dans le cas des vérités anthropologiques, il existe certes des critères valables dans des milieux précis, comme dans les différents langages de Wittgenstein, permettant d'établir si quelque chose fonctionne ou pas, mais cela équivaut simplement à une vérité déterminée sur la base de paradigmes qui restent historiques. Je veux juste dire que le problème du relativisme me semble d'ordre social plutôt qu'individuel.

Lorsque j'entends parler les adversaires du relativisme, je me demande ce que je devrais faire : ne plus être libéral ? Le relativisme n'existe que dans la société, le groupe, la culture. Les individus peuvent changer d'opinion, et en ce sens je suis moi aussi relativiste, car si demain quelqu'un me convainquait que j'ai tort, je serais prêt à changer d'avis. Mais ce qui me semble surtout très important, c'est ce que je dis lorsque j'affirme que Dieu ne peut qu'être relativiste, car on ne doit pas faire dépendre le salut des âmes du contenu de quelques propositions : on peut sauver son âme même si on ne connaît pas le dogme de la trinité.

GIRARD : Je suis d'accord avec Vattimo lorsqu'il parle de la nécessité pratique de se dire relativiste dans une société moderne. Cela me semble très intéressant car mon objectif, la contribution que je pense apporter à travers mon travail, consiste à montrer que, dans son rapport avec les autres religions, le christianisme est infiniment plus complexe et plus compréhensif (en ce sens qu'il parvient à accueillir, à incorporer) qu'il ne semble. Les religions archaïques ont existé pendant cinquante mille ans, toutes différentes les unes des autres, mais toutes, en un certain sens, des formes de préchristianisme, de christianisme « raté », précisément parce qu'elles croyaient en la culpabilité de la victime et ne reconnaissaient pas son innocence. Le christianisme dévoile leur erreur, il affirme que ces victimes sont innocentes, exactement comme Jésus. Cela est absolument fondamental et je crois qu'on peut l'interpréter à la manière de Vattimo...

VATTIMO (*rit*) : Une religion « vattimaire », plutôt que victimaire...

GIRARD : Loin d'être belliqueux et terrifiant, le christianisme dévoile le conflit sur lequel se fondent les religions, et l'injustice subie par les victimes autrefois condamnées, toutes fondamentalement innocentes, comme le Christ. Jésus dévoile par cet acte l'innocence passée sous silence, le malentendu caché sous le sang de l'Histoire.

VATTIMO : Je me définis moi aussi comme chrétien parce que je crois que le christianisme est plus « vrai » que toutes les autres religions, précisément à cause du fait qu'en un certain sens *ce n'est pas une religion*. Il contient certes des propositions dogmatiques, mais lorsque, par exemple, nous récitons le Credo, nous utilisons quantité d'expressions métaphoriques, allégoriques : Jésus se tient assis à la droite du Père. Mais comment ! Et la gauche ? Politiquement, c'est assez scandaleux ! Et puis, Dieu est un homme, un père, mais jamais une mère : les féministes américaines s'arrachent les cheveux quand elles entendent de pareilles choses. De très nombreuses expressions du Credo ne doivent pas être prises à la lettre. Je suis personnellement convaincu de rester croyant tant que je cherche à respecter la charité (et je n'y parviens pas toujours…) et non pas parce que je crois que seuls les hommes peuvent être prêtres et pas les femmes – autant de questions qui rendent la vie de l'Église si effervescente… Lorsque je répète ma devise favorite : « Grâce à Dieu, je suis athée », je veux dire que, par bonheur, Jésus-Christ m'a délivré des croyances aux idoles, aux divinités, aux lois naturelles, et cætera. Je me définis donc comme athée en ce sens, mais seulement bien sûr par rapport au Dieu des philosophes, le Dieu conçu comme « acte pur », connaissance, et ainsi de suite. Je me sens toujours très fidèle à Girard, même si c'est plus simple de l'être en son absence…

GIRARD : Je pense être d'accord. En ce sens, le christianisme constitue la critique la plus radicale des religions antiques – et surtout des religions archaïques – que l'on puisse trouver. Dans les religions archaïques, le rôle de la victime était mal compris : elle devenait une divinité en tant qu'elle était coupable, miraculeuse précisément en vertu de sa faute. Le christianisme offre, d'un point de vue « technique », la clef de lecture permettant de comprendre la mythologie. De toutes mes idées, celle qui semble scandaliser le plus les anthropologues est la suivante : si vous voulez comprendre la mythologie, si vous voulez résoudre le problème du mythe, adressez-vous au christianisme. Si vous comprenez qu'Œdipe est accusé de parricide et d'inceste – non seulement par Freud, mais encore par les Grecs – alors qu'en réalité il est innocent, et que Jésus aussi, innocent, est accusé, dans certaines croyances folkloriques, des mêmes fautes, alors il devient clair que le christianisme permet de lire le mythe d'une manière complètement différente.

ANTONELLO : À ce propos, je voudrais citer une phrase de Vattimo disant que « l'idée même de pluralisme des cultures existe et s'est développée au sein d'une culture spécifique, la culture occidentale ». Girard exprime le même concept lorsqu'il explique que le christianisme occupe une position privilégiée pour comprendre les mécanismes victimaires situés au fondement de la construction culturelle. Je me pose alors la question suivante : comment établir un dialogue interconfessionnel sur la base de cette présomption, je ne dis pas d'une supériorité, mais d'une position privilégiée du christianisme et de l'Occident ?

VATTIMO : À mon avis, la question soulevée par Antonello ne peut être correctement abordée que si nous acceptons de dialoguer sans principes théoriques forts, car sinon, on commencera par se disputer sur la question de savoir comment Dieu est fait. Une phrase du Nouveau Testament affirme : « Tout ce qui est écrit est écrit pour notre enseignement » (Épître aux Romains, 15, 4). Ce qui revient à dire : la Bible n'est ni un manuel de cosmologie, ni d'anthropologie, ni même de théologie, car ce que la Bible dit de Dieu est très souvent mythique. J'éprouverais quelque difficulté, d'un point de vue théorique, à concilier le Dieu qui demande aux Juifs d'exterminer les enfants de Babylone et celui de Jésus-Christ. Je suis convaincu qu'un des mérites du christianisme consiste à avoir ôté presque toute sa force au « vrai ». Dietrich Bonhoeffer a écrit : « *Einen Gott, den "es gibt", gibt es nicht*[1]. » Autrement dit, Dieu n'est pas un objet et son existence ne peut pas constituer un article de foi. Que signifie « Dieu existe » ? Qu'il n'est pas ici ? Qu'il est au ciel ? Qu'il est caché sous la table ? Qu'il est seulement dans les Églises ? Jésus dit que, quand deux ou plusieurs personnes sont réunies en son nom, il est avec elles. Mais veut-il dire qu'il se trouve *aussi* là ou qu'il se trouve *seulement* là ? Je ne sais pas sinon où Dieu pourrait être. Nous pouvons nous réunir n'importe où, mais cela ne signifie pas que Dieu soit en certains lieux privilégiés, comme les sanctuaires, les églises, les temples. Tout cela pour dire que la mission œcuménique du

---

1. D. Bonhoeffer, *Akt und sein. Transzendentalphilosophie und Ontologie in der systematischen Theologie (1930)*, Keiser Verlag, 1956, p. 68.

christianisme me semble dépendre étroitement de sa capacité à se défaire de ses prétentions à imposer des déclarations métaphysiques, une définition de la nature humaine, de celle de Dieu, des sociétés humaines, et ainsi de suite. Comme je l'ai déjà dit, je respecte beaucoup la tradition des saints, mais j'entends par là respecter la tradition, pas la nature ou la vérité objective.

GIRARD : Il est un domaine du comportement humain que Vattimo n'a pas mentionné : la morale. Je voudrais lui demander ceci : ce qu'il dit implique-t-il ou n'implique-t-il pas, comprend-il ou ne comprend-il pas, les dix commandements, le Lévitique ? Donc ne pas tuer, ne pas commettre l'adultère, ne pas désirer la femme ou le bien d'autrui. Les dix commandements ne sous-entendent-ils pas en effet une notion de moralité, ne sont-ils pas implicites dans la notion de charité, ou bien sont-ils seulement l'expression d'une mentalité puritaine, d'une mauvaise moralité ? Je voudrais connaître son opinion sur ce point.

VATTIMO : Je commencerai par une brève digression, pour aborder ensuite le cœur de la question. Dernièrement, j'ai participé à un débat sur l'histoire de David et Jonathan. Ces deux hommes s'aimaient-ils d'un amour homosexuel ou bien étaient-ils seulement amis ? Je suis alors allé chercher dans les textes sacrés le passage où il est dit que tu ne coucheras pas avec un autre homme si tu es un homme (Lévitique, 20, 13). Mais ce commandement apparaît au milieu d'une tout autre série de choses : par exemple, « tu ne mangeras pas d'orvets », ou encore « tu ne te vêtiras pas de rouge ». Je veux dire qu'il appartient à un ensemble de prescriptions judéo-bibliques dont plus personne ne se souvient. Comme lorsque quelqu'un effleure un cochon et doit ensuite aller se laver dans la piscine probatique. Certes, les dix commandements nous sont parvenus revêtus d'une tout autre autorité, et ils sont largement admis, à tel point que beaucoup de gens les prennent pour la loi naturelle... Toujours est-il que la tradition chrétienne a très souvent soumis à conditions le « tu ne tueras point » : si on tue un homme en deçà du fleuve, comme aurait dit Pascal, on est un assassin ; si on le tue au-delà du fleuve – qui représente en définitive la frontière du pays auquel on appartient –, on est un héros et on reçoit une médaille lorsqu'on rentre. Il y eut ensuite les croisades, l'Inquisition. Je ne crois pas au caractère absolu de l'interdiction de tuer. Si une personne qui souffre énormément me demande de l'euthanasier, je m'efforcerai de lui redonner courage, je lui lirai de beaux livres, je lui ferai voir de bons films, mais si, au bout du compte, elle veut vraiment mourir, la seule chose que je ne dois pas violer est sa liberté, c'est-à-dire son âme, et non pas sa vie au sens biologique du terme. Les tumeurs aussi sont pleines de vie, elles se multiplient sauvagement... Comme je l'ai déjà dit à plusieurs reprises, la loi est le principe de charité, augmenté des règles de la circulation. Je les respecte non pas parce qu'une loi naturelle me l'imposerait, mais simplement parce que je ne veux blesser personne ni être blessé à mon tour. C'est toujours la règle de la charité qui m'interdit de faire quelque chose. Et je respecte donc aussi, autant que possible, le Décalogue, je lui reconnais beaucoup de bien-fondé. Par exemple, puis-je aimer Platon davantage que la vérité ? Ou bien, en ce qui concerne l'interdiction de tuer : si une femme, violée par un musulman en Bosnie, décide d'avorter, que dois-je faire ? L'aider ou l'obliger à accoucher ? Si elle me demande de l'aider, je dois le faire au nom de la charité. Sans parler du sixième commandement, qui concerne l'amour et la charité – que le pape, à juste titre, distingue très sévèrement, comme si l'*agapé* et l'*éros* étaient deux choses distinctes... Si je dois rompre une relation sentimentale, mettons homosexuelle, en raison de ma conversion au christianisme, il me faut donc abandonner l'autre ? Comme Dieu qui, pour mettre Job à l'épreuve, extermine sa famille et son bétail ?

GIRARD : Je pense qu'un des passages les plus importants de la Bible est celui où Dieu confie les dix commandements à Moïse, car il faut tenir compte de ce qu'était le monde où ils furent proclamés, un monde où existaient des milliers de lois complexes. La simplicité et la puissance des dix commandements en font le document le plus mystique de tout l'Ancien Testament. Je pense que Vattimo minimise quelque peu leur portée. Il est en train de nous dire que le christianisme est la plus simple et la plus facile des religions, et que si nous nous laissons aller, si nous oublions tous nos scrupules, il est possible que chacun finisse par faire ce qu'il veut, et que nous vivions ensemble dans le bonheur. Je ne suis pas sûr que ce soit si vrai et si facile, et les dix commandements le démontrent clairement. Il me semble que Vattimo, en nous proposant une sorte de christianisme hédoniste, nous rend à tous la vie un peu trop facile. Même si nous parvenions tous à nous divertir et à nous sentir bien, il y aurait encore des problèmes. Je crois qu'il existera toujours dans la vie des situations menant à des conflits, et que beaucoup d'entre eux sont inévitables.

VATTIMO : Dans les débats, j'ai toujours tendance à exagérer... Je nourris bien sûr le plus grand respect pour le Décalogue. Toutefois, dans ce que Girard vient de dire, c'est précisément l'idée de prohibition qui m'inspire le plus. Lorsque Jésus parle de *parousie*, du retour glorieux du Christ à la fin des temps, il n'explique pas comment cela se passera, mais il invite à ne pas croire à une série de choses. J'éprouve plus de sympathie pour la théologie dialectique. Le christianisme m'apprend que les lois humaines ne valent que jusqu'à un certain point. Le bien-fondé du Décalogue est tel que même s'il y avait ici un penseur laïc « d'origine contrôlée », il dirait que le Décalogue lui convient très bien. Je crois vraiment qu'on ne peut pas prendre au sérieux la totalité des prohibitions établies par le passé. Il me semble que, tout compte fait, Marcuse n'avait pas tort et que son projet ne pouvait pas se réaliser simplement parce que la société était et demeure répressive, autoritaire, propriétaire. Jésus était-il de mon côté, de celui de Marcuse ? Ne pouvons-nous pas former le projet d'un monde où se réaliserait le communisme originaire des communautés chrétiennes, dont le pape dit dans son encyclique qu'il s'est perdu, comme s'il s'agissait d'un fait naturel ? La mise en commun des biens n'était que la façon dont les premiers chrétiens pratiquaient la charité. Le souverain pontife, dans son encyclique *Deus caritas est*, en reconnaît l'existence, mais il considère ensuite comme allant de soi la perte de tout cela, de même que semble aller de soi l'obligation faite aux chrétiens d'aller aux croisades et de tuer leurs ennemis. Il est impensable que tous ces modèles utopiques, comme le communisme des origines ou l'harmonie de la société, aient forcément été destinés à échouer. Il ne faut pas être trop anthropologue – du reste, je n'ai jamais étudié l'anthropologie, sauf celle de Girard, que j'apprécie beaucoup – et croire, comme le pape, que, la nature humaine étant ce qu'elle est, le communisme des origines ne pouvait que se perdre. N'en est-il pas allé ainsi au contraire parce que l'Église s'est trop compromise avec les puissances terrestres ? Le prestige des dix commandements dépend en grande partie du type de société sur lequel on les a greffés. Celui qui interdit de désirer la femme d'autrui empêche les hommes de se battre à coups de couteau pour s'enlever leurs épouses. Mais aujourd'hui, le divorce existe : nous avons institutionnalisé une liberté supplémentaire, qui ne correspond pas au Décalogue, ce qui n'empêche pas ce dernier d'avoir été valable pour la société de son temps.

UN MEMBRE DU PUBLIC : Je voudrais poser une question à Girard sur un thème qui se situe au cœur de la réflexion de Vattimo (et, du reste, pas seulement de la sienne) : quelle est votre position par rapport au nihilisme philosophique contemporain, surtout sur le plan éthique et moral ?

GIRARD : Concernant le nihilisme moral, je serais tenté de dire ceci. Les gens pensent qu'aujourd'hui la plupart des conflits sont causés par des valeurs absolues, des principes intangibles sur ceci ou cela, ce qu'on appelle « idéologie » ou « grandes narrations », et que les opinions absolues suscitent de la violence parce qu'elles suscitent une opposition. Je pense qu'il s'agit d'une façon erronée d'appréhender la violence présente dans notre monde, et même la violence en général. La plupart des anthropologues et des sociologues définissent encore aujourd'hui la violence comme une agression, mais la violence humaine n'est pas agressive. Le mot même d'« agression » est très agressif, car si nous définissions la violence ainsi, aucun de nous ne s'attribuerait jamais une telle caractéristique. La violence vient toujours des autres, alors qualifiés d'agressifs ou d'agresseurs. Mais ce n'est pas juste. Aucune forme de violence ne se développe en se pensant elle-même comme violence, comme agression. L'homme est par essence compétitif et enclin à la rivalité. Il veut l'emporter sur son voisin, et entre donc en compétition avec lui. L'intelligence humaine, l'esprit d'initiative sont, en substance, de la compétition. Cette dernière peut donc avoir beaucoup de valeur, et nous le savons bien. Mais la compétition devient violence lorsqu'elle s'exacerbe au point d'engendrer une rivalité destructrice. Cela vaut aussi pour les animaux. Si un mâle voit un autre mâle courtiser une femelle, lui aussi la désirera. Il ne se sentira pas agresseur, mais bien plutôt rival dans la conquête de cette femelle. Il éprouvera le sentiment d'avoir les mêmes droits que les autres. Et il s'agit d'un processus que, dans la plupart des cas, nous sommes en mesure de transformer positivement – l'économie n'est rien d'autre que cela –, mais ce même processus peut déboucher sur de la violence. La situation est donc beaucoup plus complexe et ambivalente qu'il n'y paraît, car nous sommes *tous* impliqués dans ces formes de rivalité, dont les effets peuvent être à la fois positifs et négatifs. En outre, lorsque nous analysons une situation violente, nous la définissons toujours comme une agression de la part d'autrui, et la partie adverse la définira elle aussi comme telle. Neuf fois sur dix, la violence cache non pas de l'agressivité, mais de la compétition, qui ne peut être attribuée à une seule partie : les deux individus ont également tort et raison, ils se comportent de manière identique et symétrique. La situation, inextricable, ne peut être résolue de façon « légale ». Voilà pourquoi les sociétés archaïques s'efforcent de canaliser la compétition dans une direction bien précise, en contraignant les individus à désirer une chose plutôt qu'une autre, à aller dans un sens plutôt que dans un autre. Cela peut entraver la liberté d'entreprise individuelle, et, d'une certaine manière, une civilisation perd son dynamisme si on lui impose trop de limites, mais très souvent, la société se voit contrainte de procéder ainsi, pour éviter que la compétition ne débouche sur de la violence destructrice. Je viens de le dire, il s'agit là d'un problème à caractère social difficile à résoudre au moyen de lois, et voilà pourquoi la charité, comme Vattimo et moi-même le disions, compte tant. Mais ces problèmes, d'une complexité infinie, n'admettent pas de solution verbale ou idéologique, de solution purement langagière ; les relations humaines sont simplement trop complexes, et c'est cela que nous refusons de comprendre, car chacun de nous se bat pour défendre sa position personnelle. Ma théorie de la mimésis traite justement de ces questions.

À mon sens, le nihilisme philosophique provient de la prise de conscience d'un profond désaccord entre notre langage et la réalité humaine. Comme cette dernière est impossible à traduire en mots, on renonce à l'expliquer, en affirmant que le problème est insoluble. Je ne pense pas qu'il en aille ainsi. Je crois que le nihilisme, dans sa forme actuelle, vient de l'échec de ce que nous appelons la *philosophie des Lumières*, de la vision rationnelle de l'univers élaborée par le XVIIIe siècle, et du constat inverse que les relations humaines deviennent trop complexes à analyser (d'où, par compensation, la perspicacité inégalée des romans modernes). À mon avis, plutôt que de renoncer et d'aboutir à une forme quelconque de nihilisme, en affirmant, comme certains philosophes, qu'il n'y a pas de vérité certaine, il faut revenir à l'anthropologie, à la psychologie, et mieux étudier les relations humaines qu'on ne l'a fait jusqu'à présent. Nous avons besoin de les analyser bien plus subtilement, et je crois la théorie de la mimésis apte à fournir des instruments d'observation et un niveau d'analyse qui rendent les conflits humains plus intelligibles – certes pas plus faciles à résoudre, mais au moins compréhensibles. La théorie de la mimésis permet, selon moi, de comprendre la dynamique complexe des relations sociales et humaines et de nous éloigner de l'attitude nihiliste, de cette renonciation à la connaissance, que nous constatons aujourd'hui.

VATTIMO : Mon nihilisme ne se réduit pas à la thèse selon laquelle il n'existe pas de vérités, Girard le sait bien et ses propos ne me touchent donc qu'en partie. La dissolution des absolus, y compris de la conviction selon laquelle on peut connaître la nature humaine, me semble être un effet positif du christianisme. Au fond, l'idée même de Création est aux antipodes d'une vision objective, le Dieu créateur n'a rien de la rationalité rigoureuse de l'Acte pur d'Aristote, qui n'aurait jamais pu « décider », à un moment donné, de créer un monde... En somme, la seule chose qui ne me convainc vraiment pas chez Girard est sa confiance envers le pouvoir salvateur de la vérité, qu'elle soit révélée ou découverte par la science.

UN MEMBRE DU PUBLIC : Professeur Girard, il ressort clairement de votre œuvre que Jésus est celui qui a annoncé et attesté l'innocence de la victime, démasquant ainsi le mécanisme victimaire présent dans les mythologies et les religions préchrétiennes. Pourtant, Jésus nous transmet aussi un autre message, du moins selon la tradition : il est également le juge, celui qui annonce que les persécuteurs d'aujourd'hui seront les persécutés de demain. On ne met pas fin une fois pour toutes au mécanisme victimaire, car l'annonce de la damnation éternelle, destin de ceux qui ne se convertissent pas, semble presque laisser penser que les bourreaux d'aujourd'hui deviendront les victimes de demain. Au cours de l'Histoire, certains penseurs, par exemple Origène, ont proposé des interprétations différentes. Mais l'Église, et même les Églises protestantes, considèrent comme impossible de renoncer à l'idée de damnation éternelle. Je voudrais vous demander une clef d'interprétation.

GIRARD : Les interprétations théologiques et ecclésiastiques du christianisme transforment en effet Jésus

FOI ET RELATIVISME 81

en juge, c'est-à-dire à peu près l'exact contraire de ce qu'il est. On s'agite aujourd'hui contre la vision ecclésiastique du monde et contre les aspects punitifs et déhiscents du christianisme, qui font partie d'un grand drame, d'un spectacle, qu'on devrait peut-être mettre en scène autrement. Mais si nous éliminions toutes les sanctions et tous ces aspects pour ainsi dire « théâtraux » et dramatiques, nous supprimerions une part très importante de notre vie elle-même. Prenons par exemple les romans : nous nous apercevons qu'ils décrivent notre existence plutôt comme une comédie que comme une tragédie, mais chaque événement a son importance. La grande force de l'idée de paradis et d'enfer est précisément de donner une motivation à notre vie, de la transformer en représentation dramatique. Sans cela, la religion perdrait l'essentiel de sa force. On retrouve très souvent, dans la littérature, le catéchisme ou la théologie, cette définition « punitive » du paradis et de l'enfer, qui peut même être simpliste, mais qui, d'un autre point de vue, offre au christianisme un élément dont il ne peut se passer qu'à la condition de perdre toute sa force. Notre nature de créatures esthétiques compte beaucoup. Nous sommes en effet des êtres à la fois esthétiques et éthiques. Si nous éliminions tous ces aspects tragiques du christianisme, toute cette expression ingénue de la foi consistant à distinguer un paradis, un enfer et un purgatoire, que deviendrait un des plus grands écrivains au monde, Dante, qui fonde sa *Divine Comédie* précisément sur cette division ? Que deviendrait la littérature italienne ? C'est une chose très simple et très naïve sans laquelle, toutefois, *La Divine Comédie* perdrait toute sa force. Qu'en pensez-vous, vous qui êtes italiens ?

ANTONELLO : L'extrême puissance expressive, mais aussi théologique et morale, de Dante se fonde en effet sur son extraordinaire réalisme, sur son adhérence à une réalité humaine forte, selon une des caractéristiques les plus propres à la vision chrétienne du monde, comme le suggérait Erich Auerbach dans *Mimésis*. *La Divine Comédie* décrit un monde supraterrestre, mais si bien enraciné dans la réalité historique, personnelle et matérielle des individus qu'elle peut parler aujourd'hui encore à l'homme contemporain, qui continue à construire ses propres enfers terrestres et à entreprendre de difficiles purgatoires. Umberto Eco a souligné le fait que *L'Enfer* de Dante continue à nous dire quelque chose précisément parce que, contrairement aux hommes du Moyen Âge, nous avons perdu la force et l'habitude de penser au paradis, à n'importe quel paradis possible.

Herméneutique, autorité, tradition [1]

HARRISON : Nous voudrions demander à Girard un commentaire sur la lecture particulière que Vattimo a donnée de son œuvre en l'interprétant dans une optique heideggerienne.

GIRARD : Je ne suis peut-être pas la personne la mieux placée pour fournir une réponse à Vattimo d'un point de vue strictement philosophique, mais je dois dire en tout cas que je suis d'accord avec l'essentiel de ce qu'il dit, et surtout avec ce qu'il affirme quant au rapport entre Heidegger et les Écritures judéo-chrétiennes. On a souvent tenté, surtout en France, de s'interroger sur la relation entre Heidegger et le problème de Dieu,

---

1. *René Girard : an Open Discussion*. Conférence tenue auprès du Humanities Center de l'université de Stanford les 12 et 13 avril 1996. Le modérateur, Robert P. Harrison, est professeur de littérature italienne et française à l'université de Stanford. Van Harvey est professeur émérite d'études théologiques. Le dialogue se réfère explicitement à l'essai de Gianni Vattimo *Girard et Heidegger : kénosis et fin de la métaphysique*, publié ci-après.

mais j'ai l'impression qu'on n'a jamais abordé que ponctuellement les questions les plus importantes. Je crois que l'approche la plus efficace est précisément celle qui aborde la question par le biais de l'herméneutique et de la fin de la métaphysique – en particulier celle de l'interprétation « productive ». À ce propos, il convient selon moi de partir de l'Ancien Testament, texte dans lequel la question de l'interprétation est déjà centrale et qui s'offre lui-même d'emblée à la lecture comme un système d'interprétation. Dans la Genèse, par exemple, l'histoire de Joseph se présente sous la forme d'*une interprétation des mythes*. Joseph est la figure mythique du héros victime de ses propres frères, de son propre groupe, et, comme beaucoup de figures mythiques (pensez à Œdipe, par exemple), on l'accuse de crime sexuel. Il est donc banni, d'abord de sa famille, puis de son pays adoptif, jugé coupable d'avoir provoqué, par son crime, un immense fléau qui afflige son peuple. La question que posent le texte mythique et le texte biblique est la même : « Est-il coupable ? » Le mythe répond toujours par l'affirmative : Œdipe est coupable, ses parents et amis ont le droit de le bannir ; tandis que dans l'histoire que raconte l'Ancien Testament, la réponse est diamétralement opposée : Joseph est innocent et ses frères, jaloux, le bannissent à tort et s'acharnent mimétiquement contre lui. Dès le départ, la Bible se présente donc comme une interprétation de la mythologie et comme une de ses déconstructions.

En ce sens, je peux dire que je suis d'accord avec Vattimo, même si ma démarche et mon raisonnement sont différents des siens, avant tout parce que je peux me définir comme un « très mauvais » heideggerien. J'ai lu Heidegger avec une certaine assiduité, mais je ne me suis intéressé qu'à certaines parties de son œuvre, et comme je m'occupe depuis toujours davantage d'anthropologie que de philosophie, je souffre d'un manque de vocabulaire par rapport à Vattimo, certainement mieux en mesure que moi de se définir comme un « heideggerien créatif » – c'est-à-dire un des rares philosophes du moment à utiliser Heidegger de manière originale, en l'orientant dans des directions nouvelles. Et l'idée selon laquelle le christianisme est une interprétation vivante me semble très efficace. Toutefois, il manque une chose au propos de Vattimo : le fait qu'au moment culminant de toute l'histoire de Jésus, nous trouvons sa Passion, autrement dit, le fait qu'il meure, et de mort violente. De mon point de vue, la différence entre les récits de l'Ancien Testament, comme l'histoire de Joseph, et les Évangiles tient à ce que ces derniers non seulement contiennent la déconstruction du mythe païen et archaïque, mais encore accomplissent cette déconstruction par une mort, semblable à toutes les morts mythiques, où le lecteur ne croit cependant plus en la culpabilité de la victime. Les Évangiles nous montrent tout le paysage de la mythologie, de sa genèse mimétique à travers le comportement de la foule, qui, dans la Bible, n'est jamais du côté de la raison, mais toujours de celui des persécuteurs violents.

Je dis cela pour apporter mon soutien aux affirmations de Vattimo, de fait très difficiles à soutenir aujourd'hui, à un moment de l'Histoire où la plupart des institutions, des groupes intellectuels, et même des Églises directement liées à la tradition judéo-chrétienne – ce qui a quelque chose de très ironique – font tout leur possible pour feindre de ne pas l'être, pour se détacher de cette tradition ou pour la considérer comme une forme de peste. Dans notre monde politiquement correct, nous jugeons la tradition judéo-chrétienne comme la seule tradition impure, tandis que toutes les autres sont libres de toute forme possible de critique. Dans certains milieux, on ne peut même pas mentionner la religion chrétienne ou bien on ne peut en parler que pour la maintenir sous contrôle, la confiner, en faisant comme si elle ne contenait rien de positif, en affirmant au contraire qu'elle est la première et la seule responsable de l'horreur du monde contemporain. Et il me semble hautement ironique que ceux qui se sont complètement éloignés de cette tradition se mettent maintenant – surtout parmi l'avant-garde la plus influente, dont Vattimo fait sans conteste partie – à s'intéresser de nouveau à ces problèmes, c'est-à-dire aux aspects les plus importants de la tradition herméneutique dont nous provenons tous, et à affirmer des choses évidentes de mon point de vue, mais qui apportent du nouveau au sein de l'exégèse heideggerienne.

Sur certains points, la position de Vattimo me pose naturellement problème, par exemple sur la question de l'*autorité*. Vattimo travaille dans la tradition de la déconstruction, dont, en un certain sens, je fais moi aussi partie, mais je crois qu'il oublie ou qu'il néglige à quel point le problème de la foule est central dans l'interprétation judéo-chrétienne. Je pense que les limites de l'analyse de Vattimo proviennent de l'énorme erreur commise par Nietzsche, que je considère comme le plus grand théologien de notre temps (beaucoup de gens l'ignorent). Dans les tout derniers mois de sa vie, au bord de la folie, Nietzsche dit quelque chose d'extrêmement important, une chose que Heidegger – qui s'est affirmé, dès le début de sa carrière, comme une formidable machine d'autopromotion – a délibérément ignorée, car il avait compris qu'il fallait se débarrasser de la problématique religieuse chez Nietzsche ; et il l'a fait tout simplement en affirmant que Nietzsche souffrait d'un problème de rivalité personnelle avec les traditions monothéistes, et en conseillant de ne pas prêter attention à ce qu'il avait dit à ce sujet. Seul comptait le Nietzsche grec, dionysiaque. Alors qu'au contraire, la chose la plus importante que Nietzsche ait jamais dite à ce propos (et, oserais-je dire, la plus importante affirmation théologique depuis l'époque de saint Paul) est que dans le mythe, la victime est toujours bannie et mise à mort en toute justice (en ce sens, on pourrait dire que, moi aussi, je suis un peu nietzschéen), tandis que la communauté ne se rend coupable d'aucune faute : le sacrifice est une bonne chose en tant qu'il est nécessaire, car une communauté, une société qui ne peut pas tuer, qui ne peut pas produire de victimes, même innocentes, est condamnée à l'extinction, puisqu'elle est condamnée au même type de faiblesse, précisément héritée du christianisme, que celle dont nous souffrons aujourd'hui. Je ne veux pas faire ainsi de Nietzsche le précurseur du nazisme, mais il s'agissait sans conteste d'un homme qui trouvait insupportable de vivre dans un monde « politiquement correct » avant la lettre.

À quel moment son interprétation se fourvoie-t-elle ? Il affirme que la société devrait préserver la férocité du dionysiaque et que le christianisme détruit le monde parce qu'il est trop « doux », trop contraire au sacrifice et à toute forme de victimisation – voilà pourquoi je le crois plus profond que n'importe quel théologien moderne : il *choisit* de se ranger du côté de la violence ! Or Heidegger désamorce tout son propos en déconseillant de lire cette partie de son œuvre, et en le transformant en un philosophe qu'on peut voir à la fois comme politiquement correct et comme quelqu'un qui affirme : « Il n'y a pas de faits, mais seulement des interprétations. » Mais le vrai Nietzsche est bien plus ambivalent, et Vattimo m'en paraît conscient.

En définitive, mon objection à Vattimo serait la suivante. Il parle d'une histoire de l'interprétation se développant au sein d'une communauté, de groupes de personnes qui s'aiment les unes les autres et sans aucun besoin de formes d'« autorité » réglant les rapports internes. Mais je me demande comment contrôler les dérives, toujours menaçantes, de la foule ; et comment être sûrs que l'amour qui se développe chez elle est un amour authentique et non pas simplement l'indifférence réciproque du « politiquement correct » ; comment être sûrs, en d'autres termes, que nous ne resterions pas dans une situation victimaire tout en proclamant notre hostilité à toute forme de persécution, que nous ne continuerions pas à persécuter ceux qui, par le passé, se sont rendus coupables de persécution, selon un processus typique du modèle de confinement identitaire de la culture « politiquement correcte ». Sommes-nous sûrs de construire un monde à l'abri de ces mécanismes si fréquents dans l'histoire de l'humanité et que nous continuons à observer autour de nous ?

D'une certaine manière, le fait que la Bible utilise le langage du mythe plutôt que le langage positiviste des sciences naturelles signifie précisément – dans le cas de la Bible et seulement dans ce cas – que son savoir n'est pas métaphysique. Je ne peux pas le prouver explicitement, mais je pense que les conclusions de Vattimo soulèvent la question de la façon dont cette nouvelle interprétation surgit, sans pour autant devenir la forme destructrice du nihilisme, car il est curieux que les seules personnes à perpétuer les traditions dont parle

Vattimo soient justement celles qui maintiennent dans l'Église la structure de l'autorité. Abstraction faite de l'Église catholique, comparons par exemple ce qui s'est produit dans le monde protestant, avec sa fragmentation en milliers de confessions et de conventicules, et ce qui est arrivé aux orthodoxes, à l'Église russe et byzantine, qui, pour décadente qu'elle puisse apparaître sous certains aspects, a su maintenir sa tradition d'une manière bien différente et bien plus forte que l'Occident.

Le problème tient à ce que, dans nos considérations présentes, nous demeurons à l'intérieur d'une perspective heideggerienne, d'une problématique purement linguistique, alors que nous devrions nous situer sur un plan historique et anthropologique. Lorsque je parle d'autorité, je ne parle pas de dictature ni d'autorité politique, je me réfère à celle du *rite* ; autrement dit, à la religion et à la pensée conçues comme une sorte de routine, d'action répétée, car le rite est en substance une répétition. C'est une action collective destinée à empêcher la foule de perdre son contrôle. Car nous ne vivons pas dans un monde parfait. Historiquement, le christianisme s'est efforcé d'éliminer le rite, tout en restant conscient, dès les premiers temps, de la nécessité de conserver un minimum de ritualité. La structure minimale de l'organisation ecclésiastique et l'apparat des rites sont autant d'instruments destinés à empêcher que la masse ne donne libre cours à sa force de lynchage. Voilà pourquoi, lorsque je parle d'autorité, je me réfère toujours au rite.

VATTIMO : Je vais m'efforcer de répondre aux objections de Girard, surtout à propos de ce qu'il considère comme les limites et les critères de la sécularisation. Peut-on définir les critères de l'amour interne à la communauté à partir de la foule mimétiquement violente ? Je crois qu'il y a un problème d'interprétation sur la signification du terme de *charité* au sein de la tradition chrétienne. De toute évidence, Girard a des raisons interprétatives bien précises pour se méfier de la foule, qui peut se coaliser mimétiquement contre n'importe qui et à tout moment, mais je ne veux pas accepter d'arguments trop fortement humanistes pour rejeter la foule. Je me souviens toujours que, dans une page de *Geist der Utopie*, Ernst Bloch affirme que le Christ peut davantage être comparé à un clown qu'à un héros tragique [1]. Et je ne crois pas que cette considération soit si irrespectueuse que cela, car le christianisme contient une sorte de déconstruction, de dissolution de la puissance prétendue des forces du mal : Jésus ne combat pas Satan par la force, mais par de l'ironie : « Mort, où est ta victoire ? » (Première Épître aux Corinthiens, 15, 55). La victoire de la mort consisterait à ce qu'on la

---

1. E. Bloch, *Geist der Utopie* (1918), Francfort, Suhrkamp, 1971, p. 67 et suiv. Éd. fr. : *L'Esprit de l'utopie*, Paris, Gallimard, 1977.

prenne trop au sérieux. En outre, seul le crépuscule de la subjectivité, y compris la subjectivité utopique du héros tragique combattant, rend possible la naissance d'un nouveau rapport d'amitié et de familiarité entre l'homme et le monde.

J'ai donc l'impression que je devrais être plus ouvert par rapport à la foule, même si, bien entendu, je n'approuve pas les dérives criminelles et violentes qui sont parfois les siennes. Il est difficile de faire admettre que, dans la pensée postmétaphysique, la vérité ne peut être conçue qu'en termes de « participation ». Prenez par exemple la théorie de Habermas sur l'action communicative – je ne suis pas d'accord avec lui sur bien des choses, mais sur ce point, je partage sa réflexion : la vérité ou la rationalité ne peuvent être conçues qu'en termes de communicabilité de questions, de capacité de persuasion, etc. Je me rends compte que cela comporte un risque : nous ne sommes pas beaucoup plus avancés qu'à d'autres périodes historiques ou que d'autres « civilisations », et nous devons distinguer la *caritas* de l'indulgence envers les passions mimétiques de la foule. Il est vrai aussi que, par exemple, pour les auteurs romantiques de la fin du XVIIIe et du début du XIXe siècle – Schelling, Hölderlin, Novalis –, l'Église et l'État formaient deux communautés séparées et que la vraie communauté était l'Église, entendue comme la communauté *authentique*, et non pas comme l'Église hiérarchisée ou l'appareil ecclésiastique. Elle était la communauté de la *caritas*, tandis que l'État était la communauté séculière, mondaine, ce qui conduisait à la configuration d'une lutte entre la *civitas dei* et la *civitas diaboli*. Je ne crois pas disposer de solution philosophique à ce sujet, mais en tant que représentant de ce que l'on définit comme le *pensiero debole* (la « pensée faible »), qui constitue justement une théorie de la faiblesse et de l'affaiblissement, je crois fortement en ma tentative d'associer les critères de communauté aux critères de dissolution de la force de l'Être. Si j'adopte un critère de communauté pour poser certaines limites au processus de sécularisation, c'est parce que je crois en l'affaiblissement des structures fortes de l'Être. Ce critère de l'affaiblissement me guide aussi dans le choix de la communauté juste. Prenons un exemple très simple. Lorsque Khomeiny prit le pouvoir en Iran, nombre de mes amis disciples de Foucault, et Foucault lui-même, virent dans cet événement une importante libération, car Khomeiny était autochtone, et produit par une véritable communauté.

Mais quel est le critère pour juger cette communauté ? Celui qui fait que je l'accepte comme telle : autrement dit, la diminution de la violence et la dissolution des structures fortes de l'Être. Je ne considère pas la communauté comme le critère suprême. Elle devient un critère au moment où je me rends compte que l'histoire de l'Être est destinée à décliner, à perdre de sa force et de son importance et à déconstruire la violence. Bien entendu, il ne s'agit pas de processus simples, mais je crois possible de déterminer ce qui est acceptable de la part de la foule, et je pense que certaines lectures de l'Ancien Testament proposées par Girard sont stimulantes dans la perspective philosophique qui est la mienne.

UN ÉTUDIANT : Je voudrais poser à Vattimo une autre question quant au problème de la foule – si essentiel à la compréhension des mécanismes de persécution dans la pensée de Girard – et du rôle de l'individu en son sein (car nous faisons tous partie de la foule). Je me demande si la fécondité et le développement de l'interprétation ne seraient pas liés à la dimension de la foule, à sa complexité, et par conséquent au risque de violence toujours présent en elle. La fécondité de l'interprétation et le risque de violence inhérent à la foule iraient en quelque sorte de pair.

VATTIMO : En un certain sens, je suis d'accord, car l'idée de dissolution d'une vérité objective produit aussi la libération de la volonté de puissance. Ce n'est pas un hasard si, dans *La Volonté de puissance*, Nietzsche a parlé de la multiplicité de l'interprétation. La question est toujours la même : vous avez dit, à juste titre, que nous sommes la foule, mais alors si quelqu'un me demande : « Comment puis-je poser des limites à la foule ? », je ne saurais lui répondre, car j'en fais moi-même partie ! Nous nous situons tous, individuellement, à l'intérieur de la foule, y compris les quelques personnes qui nous écoutent en ce moment. Il est donc impossible d'imaginer poser soi-même des limites pour tous.

À mon avis, Nietzsche n'était pas par hasard le théoricien de l'*Übermensch*, du surhomme, ou plutôt de « l'au-delà de l'homme » : dans cette situation de multiplication des interprétations, l'homme ne peut survivre qu'en devenant un « au-delà de l'homme », une personne capable d'inventer et de proposer des interprétations toujours nouvelles. À cet égard, on peut également évoquer les analyses de Richard Rorty sur la « re-description » et l'originalité. Son approche est certes quelque peu esthétisante, mais elle met bien en évidence le fond du problème : il n'existe plus d'interprétation structurellement forte et autoritaire. Il nous faut devenir des interprètes, et non pas simplement des contemplateurs de la vérité. La ritualité pourrait être comprise, encore une fois, comme un moment de maturation dans la construction de l'interprétation, une modalité de rationalisation ou de réduction de la complexité. Mais cela pose un grave problème : on ne peut pas revenir à une modalité d'interprétation métaphysique et structurelle, et il s'agit seulement d'aller de l'avant, de continuer à édifier « l'au-delà de l'homme ».

HARVEY : On peut sans aucun doute repérer une analogie entre Heidegger et Girard sur l'idée d'une déconstruction de la métaphysique et sur le problème de la violence, mais je ne crois pas que Girard puisse être tellement d'accord avec la notion postmoderne de déconstruction de la subjectivité, car l'*agapè* doit disposer d'un sujet, d'une personne pour se construire ; et les victimes ne sont pas seulement des victimes, mais aussi des sujets, des personnes réelles. En ce sens, je suis aussi en désaccord avec la réduction de l'*agapè* à la victimisation, car elle doit traiter les persécuteurs comme des êtres humains, au même titre que les victimes. Je crois que le concept heideggerien d'*Ereignis*, que vous utilisez pour définir l'être comme « événement », comme « se produire [1] », est en substance privé de contenu et tout à fait formel, et que Heidegger n'a jamais précisé ce qu'il signifiait à propos des événements humains. Il s'agit d'une sorte de rupture mystique au sein de l'ordre temporel. Dans les dernières années de sa vie, Heidegger était très attiré par le bouddhisme, car il le croyait exempt de l'insistance sur la personne caractéristique du christianisme. Je suis donc d'accord avec l'idée selon laquelle Heidegger a été et peut encore être profondément impliqué dans des questions d'ordre théologique, mais je ne crois pas que l'*Ereignis* soit un concept très pertinent à ce propos.

VATTIMO : Je suis d'accord, mais j'ai voulu insister sur le fait que, pour développer le projet de Heidegger,

---

1. M. Heidegger, *Beiträge zur Philosophie (Vom Ereignis)*, in *Gesamtausgabe*, Francfort-sur-le-Main, Klostermann, 1989. Voir aussi, outre l'essai de Vattimo contenu dans le présent volume, G. Vattimo, *Dopo la cristianità, op. cit.*, p. 129-142.

il faut prendre en considération les motivations profondes de son refus de la métaphysique. Il est vrai que le terme d'*Ereignis* est formel, mais les raisons pour lesquelles Heidegger en vint à considérer l'Être comme *Ereignis*, plutôt que comme objet, ou comme fondement ultime, vont dans le sens de la diminution de la violence. Par conséquent, si nous voulons lire Heidegger en allant quelque peu au-delà de la lettre du texte, je crois que nous devrions interpréter sa théorie de la fin de la métaphysique comme un progrès vers la diminution de la violence. Et je ne pense pas qu'il s'agisse d'un concept vide de sens, car il m'est utile dans des discussions sur la modernité ou la postmodernité. Quand, par exemple, je parle de la dissolution de la conscience subjective comme fondement ultime, je travaille aussi contre la violence, précisément parce que les personnes qui exercent des formes de coercition et de violence croient fermement être du côté de la justice, bénéficier d'une légitimité, etc. Même l'esclavage nécessite un sujet sur lequel s'exercer, mais si on dissout le sujet, on ne peut plus exercer sa propre domination violente sur rien. Il existe une modalité effective de réduction de la violence à travers la réduction de la force de nos arguments relatifs aux concepts de nature, d'Être, de vérité, et ainsi de suite.

La notion même d'*Ereignis* n'est pas dénuée d'efficacité pour comprendre l'histoire contemporaine : dans *Des choses cachées...*, abstraction faite du vocabulaire anthropologique, apparaît en effet l'idée d'un accomplissement de l'Histoire nous mettant face au choix entre violence radicale et acceptation totale de la charité. Je crois que cela, ainsi que la question de l'Esprit et de l'Église, se comprend mieux si nous partons d'un point de vue heideggerien, qui ne développe pas une vision apocalyptique, mais qui concerne l'histoire de l'Être. Je pense que cette perspective ajoute à la réflexion de Girard quelque chose qui manque dans *Des choses cachées...*

HARVEY : Je voulais aussi demander à Vattimo des éclaircissements sur sa conception de la tradition, que je crois trop encline à une sorte de dérive relativiste. De mon point de vue, en effet, il est important que la communauté trouve son unité en décidant de se soumettre à un « mythe » et un seul – celui de Jésus-Christ – et qu'elle parvienne ainsi à définir ce qui est ou non de la violence, et à s'accorder sur les moyens de la réduire. Par ailleurs, vous connaissez certainement le travail de Friedrich Gogarten, un théologien allemand proche de vos thèses sur la sécularisation conçue comme événement positif[1]. À ce propos, je voudrais exprimer tous mes doutes sur le rapport entre christianisme et sécularisation, en raison de la disparition complète de toute dimension transcendantale dans la

---

1. Cf. F. Gogarten, *Entmythologisierung und Kirche*, Vorwerk-Verlag, 1953.

culture séculière. Voilà précisément pourquoi de nombreux théologiens protestants, comme Karl Barth ou Dietrich Bonhoeffer, voyaient la sécularisation comme un désert, ce qui les rapproche de Heidegger, qui exprimait déjà toutes ses inquiétudes sur ce point. J'éprouve donc quelque difficulté à accepter cette idée de continuité entre christianisme et sécularisation…

VATTIMO : Sur le problème de la tradition et de l'unité du « mythe », ou de la narration autour de laquelle se construit l'unité du christianisme, je dirais avant tout qu'aucun mythe ne se distingue aisément de son interprétation. Du reste, je suis d'accord avec Girard sur le fait qu'il existe une différence entre un mythe comme celui d'Œdipe et un « mythe » comme celui du Christ. À ce propos, je mets plutôt l'accent sur la notion de « transmission », de *Wirkungsgeschichte* [histoire des effets], comme dirait Gadamer. Naturellement, c'est sa continuité qui représente l'unité de la *Wirkungsgeschichte*, la continuité du *discursus*, lequel apparaît à l'intérieur de l'Église, mais pas d'*une seule* Église – ce qui soulève le problème de l'œcuménisme et de l'unité du christianisme. Je serais tenté de dire que l'autorité est davantage représentée par la continuité de cette transmission que par n'importe quelle institution, ou n'importe quelle lecture imposée d'un texte sacré. Cela vient peut-être de mon héritage catholique, car on m'a appris qu'il y a d'abord eu les Évangiles, et seulement ensuite Dentzinger et son

Enchiridion symbolorum definitionum, le recueil de toutes les définitions dogmatiques apparues au cours de l'Histoire. Je ne fais peut-être que reproduire mon expérience, lorsque je dis que l'Église, entendue comme communauté, doit remplacer le Dentzinger !

Quant au problème de la transcendance, j'ai lu récemment la dernière version du *Catéchisme de l'Église catholique*, où j'ai pu constater avec satisfaction qu'on n'en parlait plus. Il s'agit en effet d'une notion fortement métaphysique, qui implique la distinction entre un ordre naturel et un ordre supranaturel – au risque de revenir à Aristote. Si en revanche nous appelons « transcendance » la *charis*, la grâce, l'intervention d'une illumination, alors je pourrais accepter cette perspective. En un certain sens, il existe un élément de « transcendance » dans l'Histoire : le surgissement d'un événement nouveau est une forme de transcendance de l'Histoire elle-même. Par conséquent, il s'agit alors, de mon point de vue, de réexaminer la notion même de transcendance.

Vous avez ensuite mentionné la théologie dialectique du début du XXe siècle : je me sens très éloigné de cette tradition, car, pour moi, il s'agit encore d'une théologie fortement métaphysique. S'il y a vraiment un au-delà, une transcendance, la chose ne peut être acceptée d'un point de vue heideggerien. Mais alors, pourquoi Heidegger s'est-il retrouvé étroitement lié avec des personnes provenant de cette tradition ? On peut poser la même question à propos de sa compromission avec le nazisme. Je crois simplement qu'il a mal interprété certaines implications de sa propre pensée. Je pourrais défendre mon interprétation de Heidegger en arguant du fait que, comme je le dis toujours, je le comprends mieux que lui-même ! Je ne me considère pas comme un heideggerien « de gauche » seulement pour des raisons politiques, mais aussi en souvenir de Hegel, car je m'efforce de développer une interprétation de Heidegger qui prenne au sérieux la notion négative de l'Être, comme une sorte de théologie apophatique, sans m'en tenir au fait que l'Être existerait là, dehors. Sur ce point, je crois que la contribution de Heidegger à la compréhension des perspectives ouvertes par Girard dans ses travaux, et à leur extension progressive, est absolument essentielle.

Girard et Heidegger :
kénosis et fin de la métaphysique [1]

incarnation

« Pour compléter Heidegger et le rendre parfaitement clair, ce n'est pas dans une lumière philosophique qu'il faut le lire mais à la lumière de l'ethnologie, non pas de n'importe quelle ethnologie, bien sûr, mais de celle que nous venons d'ébaucher, celle qui repère enfin le mécanisme de la victime émissaire et qui reconnaît dans la polyvalence du sacré [...] la matrice originelle de la pensée humaine [...] [2]. » Ma brève contribution sur Girard pourrait sans aucun doute commencer par cette citation extraite de *Des choses cachées...* J'entends en effet montrer comment le travail de Girard m'a aidé à « compléter » Heidegger, à éclairer la signification de sa pensée et peut-être à rétablir la communication entre

---

1. G. Vattimo, essai publié pour la première fois in B. Dieckmann (dir.), *Das Opfer – aktuelle Kontroversen. Religions-politischer Diskurs im Kontext der mimetischen Theorie*, Münster, LIT Verlag, 1999.
2. R. Girard, *Des choses cachées...*, *op. cit.*, p. 359.

(certains aspects de) la philosophie contemporaine postmétaphysique et la tradition judéo-chrétienne. Cette contribution se veut aussi un remerciement à Girard pour ce que je pense avoir appris de lui, même si je n'exclus pas la possibilité d'avoir déformé ou mal interprété ses intentions originelles.

Dans le célèbre passage conclusif du second livre de *Des choses cachées...*, Girard insiste sur le fait que Heidegger, bien qu'il ait admis l'existence d'une différence profonde entre le *logos* d'Héraclite et le *logos* johannique, demeure complètement étranger à la logique victimaire qui domine le courant principal de la pensée moderne. Il fournit en particulier la preuve emblématique de l'« expulsion » infligée par la modernité aux Écritures judéo-chrétiennes. En réalité, il est frappant que Heidegger, dans sa reconstitution de l'histoire de l'onto-théologie européenne, ignore complètement les aspects explicitement théologiques de ce processus et se contente de raconter l'histoire de l'ontologie métaphysique, sans la moindre allusion à la Bible. Toutefois, écrit Girard, Heidegger aussi participe, bien qu'inconsciemment et involontairement, à l'« œuvre immense de la révélation[1] ». Comme nous le savons, cette dernière concerne le mécanisme victimaire qui domine la notion naturelle du sacré. Ce mécanisme fut dévoilé pour la première fois par les Écritures

---

1. *Ibid.*, p. 366.

judéo-chrétiennes, et Jésus a achevé la révélation en interprétant en un sens non victimaire même les pages en apparence victimaires de l'Ancien Testament. Mais la raison pour laquelle nous sommes aujourd'hui seulement en mesure de comprendre clairement la signification de la réinterprétation non victimaire de l'Ancien Testament proposée par Jésus est aussi profondément liée à la situation historique spécifique de la modernité. La lecture non victimaire des Écritures était en effet déjà présente dans l'enseignement original de Jésus ; mais – comme le disent les premières lignes de l'Évangile selon saint Jean (1, 5) – les ténèbres n'ont pas compris le *logos*. La dissolution moderne de tous les mécanismes (victimaires) traditionnels de recomposition de la rivalité mimétique, qui a permis de libérer le pluralisme et la conflictualité explicite du désir (je me réfère de nouveau à *Des choses cachées...*) et, parallèlement, le développement des nouveaux dispositifs techniques de destruction massive créent une situation où la violence victimaire de la culture humaine devient totalement manifeste et sans limites, et, pour cette raison même, inefficace. Girard pense que notre civilisation se trouve face à une alternative radicale : soit l'autodestruction de l'humanité entière, soit la pleine réalisation de la charité prêchée par Jésus.

C'est en ce sens – selon lequel le développement historique de la modernité se prête au dévoilement final du mécanisme victimaire de la culture humaine – que même Heidegger appartient à l'histoire de la

Révélation. Je voudrais toutefois suggérer que cette relation entre Heidegger et l'histoire de la Révélation est plus spécifique que Girard ne semble le penser. Heidegger ne constitue pas seulement un élément de la scène peinte par Girard ; mais la description qu'il fait lui-même de cette scène est également très proche de celle de Girard, à tel point que sa philosophie peut être décrite non seulement comme purement inconsciente ou symptomatique, mais encore comme une révélation active de ce même mécanisme victimaire que Girard nous fait découvrir dans les Écritures judéo-chrétiennes. En d'autres termes, j'aurais tendance à suggérer que la philosophie de Heidegger est (interprétable comme) une sorte de transcription philosophique, plus ou moins consciente, de la révélation judéo-chrétienne.

Examinons par exemple l'analogie entre la vision apocalyptique de la modernité offerte par Girard dans *Des choses cachées…* et l'accomplissement de la métaphysique décrit par Heidegger dans ses derniers textes. Pour l'un comme pour l'autre, l'élément décisif et apocalyptique, c'est-à-dire révélateur, de la situation actuelle est l'explosion de violence due au fait qu'à notre époque la volonté de puissance – ou la rivalité mimétique – est devenue explicite et sans limites. Pour Girard, cette explosion met en lumière la structure victimaire fondamentale de toutes les cultures humaines ; tandis que, pour Heidegger, elle met en évidence le « secret » de la métaphysique, autrement dit, l'oubli de l'Être et son identification avec la totalité de l'étant, l'objectivité, etc. L'analogie entre ces deux théories devient visible si l'on se souvient que le refus heideggerien de la métaphysique n'est pas motivé par une raison théorétique – en ce sens que la métaphysique serait une description erronée de l'Être, que nous aurions dû remplacer par une autre, plus exacte. Le refus de la métaphysique par Heidegger, comme cela apparaît clairement dès *Sein und Zeit*, est motivé par la violence au moyen de laquelle la métaphysique réduit l'Être – et en particulier l'existence humaine – à une objectivité quantifiable et à un mécanisme rationalisé. On pourrait en tout cas suggérer que la violence dont Heidegger perçoit la présence aussi bien dans le *logos* d'Héraclite que dans le *logos* johannique (bien que selon des modalités différentes) est la violence même de la métaphysique que la pensée doit dépasser [1].

La raison décisive pour lire la philosophie de Heidegger comme profondément liée aux Écritures judéo-chrétiennes est naturellement (même si on ne le souligne pas souvent) son concept de l'Être comme *Ereignis* [événement], conséquence immédiate du dévoilement de l'oubli de la métaphysique. Ce n'est pas un hasard si, lors de la rédaction de *Sein und Zeit*, au début des années 1920, Heidegger lisait aussi le

---

1. Cf. M. Heidegger, *Logos* (1951), in *Gesamtausgabe*, Bd. 7 : *Vorträge und Aufsätze*, Francfort-sur-le-Main, Klostermann, 2000.

Nouveau Testament et l'œuvre de Luther. De mon point de vue, cela signifie qu'outre l'esprit d'avant-garde du début du XXe siècle (celui-là même que l'on trouve exprimé par Ernst Bloch dans *Geist der Utopie*), des arguments et des questionnements nés des méditations de Heidegger sur des problèmes comme ceux de la grâce, de la liberté, de la prédestination, etc., ont, eux aussi, stimulé sa critique et son refus de l'objectivité de la métaphysique. Le dépassement de cette dernière, qui, du point de vue de Heidegger, ne peut être qu'une *Verwindung*[1] (une acceptation-distorsion), préparerait une nouvelle modalité de conception de l'Être, qui pourrait aussi rouvrir la voie à l'expérience religieuse, en éliminant tous les obstacles métaphysiques (y compris la difficulté de penser des concepts comme la Création, le péché, le salut, etc.) interdisant à la raison moderne une écoute sérieuse des Écritures. Je n'ignore pas que la pensée de Heidegger n'a pas pris cette direction ; et cela pourrait être un aspect de ce que Girard appelle l'expulsion du texte judéo-chrétien de la philosophie du penseur allemand. Comme je l'ai relevé plus haut, Girard ne voit pas dans cette expulsion une raison d'exclure Heidegger de l'histoire de la Révélation.

---

1. Pour des éclaircissements sur le sens de *Verwindung*, voir G. Vattimo, *La Fine della modernità*, Milan, Garzanti, 1985, p. 180-189. Éd. fr. : *La Fin de la modernité : nihilisme et herméneutique dans la culture post-moderne*, Paris, Seuil, 1987, traduit de l'italien par Charles Alunni.

Sur ces mêmes fondements – ce que nous pouvons considérer comme la signification historique « objective » de la philosophie de Heidegger, abstraction faite de ses intentions conscientes – nous pourrions, à mon sens, prendre le « concept » d'Être-événement comme l'expression philosophique de sa « réception » particulière du message judéo-chrétien. On pourrait bien sûr se demander pourquoi tout cela n'est pas visible dans l'auto-interprétation explicite de Heidegger. *Et tenebrae eum non comprenderunt* (Évangile selon saint Jean, 1, 5). Son adhésion au nazisme est l'effet d'une auto-incompréhension philosophique ; la même chose se produisit, je crois, avec l'expulsion de la tradition judéo-chrétienne de son discours philosophique. On peut sans doute invoquer des raisons d'ordre psychologique et biographique, liées aussi bien à son besoin de se détacher de ses origines catholiques qu'à l'importance croissante, dans son imagination, de la relation « directe » entre l'Allemagne moderne et la Grèce antique (une idée également présente dans le nazisme).

Le concept d'Être comme événement n'est qu'un point de départ pour reconnaître la parenté étroite (je ne trouve pas de terme plus précis) entre la philosophie de Heidegger et la Bible. Plus important et plus significatif, un autre aspect de sa philosophie semble plus étroitement lié au concept girardien de la Révélation et de la dissolution de la violence du sacré. Je décris ici, même si je ne le fais pas en termes strictement biographiques, la manière dont j'en suis venu à reconnaître en Girard un « complément » de Heidegger, mais aussi à réinterpréter Girard à travers Heidegger. Tout dépend de la capacité à rester fidèle au propos fondamental de la philosophie de Heidegger, quitte à s'opposer à Heidegger lui-même. Le paradoxe n'est qu'apparent : dans l'interprétation d'une œuvre d'art ou de tout autre texte, nous avons en effet l'habitude d'adopter ce type d'attitude. Je ne peux faire ici qu'une allusion rapide à la théorie de Luigi Pareyson sur la distinction entre ce que, dans son *Esthétique*[1], il a appelé *forme formée* et *forme formante*. L'évaluation d'une œuvre d'art, selon cette théorie, ne peut dépendre de l'application de critères généraux préexistants (l'idée provient directement de la *Critique de la faculté de juger*, de Kant). Il doit être possible d'évaluer le travail artistique sur la base de lois qu'il instaure lui-même. En outre, l'exclusion de critères extérieurs préexistants devrait nous rendre incapables d'expliquer pourquoi l'artiste revoit son travail à plusieurs reprises. Dans les deux cas – processus d'évaluation et processus de création –, nous devons reconnaître l'intervention dans le travail d'une règle créée par le travail lui-même, y compris lorsqu'il ne devient pas ce qu'il « voulait » être. Je me réfère à cette théorie de Pareyson parce que, comme l'a reconnu

---

1. L. Pareyson, *Estetica. Teoria della formatività* (1954), Milan, Bompiani, 1988, p. 75 et suiv. Éd. fr. : *Esthétique : théorie de la formativité*, Paris, Rue d'Ulm, 2007, traduction et notes de Gilles A. Tiberghien.

aussi Gadamer dans *Verità e metodo* [*Vérité et méthode*], elle trace les contours d'une analyse de l'acte d'interprétation absente d'une grande partie de l'herméneutique contemporaine. Ce que Pareyson dit de l'expérience esthétique me semble parfaitement applicable à l'interprétation du travail philosophique, et probablement à tout acte d'interprétation.

La *forme formante* de la critique de la métaphysique développée par Heidegger, qui constitue une tentative de penser l'Être non plus en termes de fondement ultime, d'objectivité, de stabilité, etc., me semble légitimer ce que je propose d'appeler une interprétation « de gauche » de la philosophie de Heidegger – en opposition à celle que, par référence à l'histoire de l'école hégélienne au XIXe siècle, on peut appeler l'interprétation « de droite ». De ce point de vue, le concept heideggerien de différence ontologique ne peut être pris en considération sérieusement que si l'on refuse l'idée que l'Être *est* quelque chose – soustrait à la possibilité de notre expérience, comme le Dieu de la théologie négative, mais toutefois objectivement « donné » quelque part ailleurs, au-delà de tous les noms que nous pourrions lui attribuer. Pour éviter cette ultime régression vers une métaphysique identifiant l'Être à la présence objective, une philosophie postmétaphysique doit se montrer prête à penser l'événement de l'Être comme une sorte de soustraction, d'affaiblissement, d'éloignement ou de long adieu. Qu'on se souvienne de la page de *La Fin de la philosophie* où Heidegger dit qu'une pensée non métaphysique doit « permettre à l'Être, en tant que fondement de l'étant, de s'en aller » – « *das Sein als den Grund des Seienden fahren zu lassen* [1] ». Ce n'est pas un hasard si, pour indiquer une pensée non métaphysique *(Denken)*, Heidegger utilise le mot *An-denken* (remémoration) : une remémoration qui ne veut pas re-présenter l'Être, car cela équivaudrait à une pure et simple restauration de la métaphysique (et de sa violence). L'Être ne peut être authentiquement pensé que comme « s'éloignant ». Faut-il voir ici une réminiscence de l'image de Dieu vu par Moïse seulement de dos, s'en allant ?

L'autre aspect qui peut conduire (ou, plus exactement, qui me conduit) à rapprocher Heidegger et Girard est l'insistance – par-delà la lettre des textes de Heidegger – sur la faiblesse qui caractérise, dans cette hypothèse, l'événement de l'Être. L'Être n'a lieu – de temps en temps, dans les ouvertures de l'Histoire ou du destin (que, pour plus de clarté, nous pouvons comparer aux paradigmes de Thomas Kuhn) – que comme différence ontologique, comme rupture des prétentions à lui donner un caractère défini, une stabilité, une finalité (ne pas oublier, sur ce point, *Le Principe d'anarchie*, de R. Schürmann [2]). L'Être est le principe même de l'affaiblissement. Les aspects dissolutifs de la modernité

---

1. M. Heidegger, *Zur Sache des Denkens*, Tübingen, 1976, S. 6.
2. R. Schürmann, *Le Principe d'anarchie. Heidegger et la question de l'agir*, Paris, Seuil, 1982.

– dissolution des institutions politiques autoritaires ; dissolution de la croyance en la conscience subjective comme fondement ultime ; dissolution de tout concept de réalité, à travers la multiplication des interprétations en conflit dans notre société, ainsi qu'à travers le développement historique de la conscience de soi des sciences – ne sont pas simplement la préparation négative de l'accomplissement final de la révélation. Si la modernité ne permet plus de croire au mécanisme victimaire, elle participe positivement à l'histoire du salut.

Vu ainsi, l'affaiblissement de l'Être, entendu comme son seul moyen de se manifester au-delà de l'oubli métaphysique, est analogue à la dissolution de la violence du sacré que, selon Girard, révèlent les Écritures judéo-chrétiennes. Le mot *kénosis* est sans doute le plus apte à associer ces deux pensées en apparence si différentes. Aussi bien pour Girard que pour Heidegger, le sens émancipatoire de l'Histoire – le salut qui lui est inhérent – est lié à la fin de la violence caractérisant la religion naturelle ou, chez Heidegger, l'oubli métaphysique de l'Être.

Comme je l'ai dit plus haut, je suis parfaitement conscient que cette lecture de Heidegger à travers Girard implique non seulement des choix extrêmes quant à la signification des textes de Heidegger (ce que j'appelle l' « heideggerianisme » de gauche), mais encore une réinterprétation de Girard, qu'il pourrait ne pas accepter. Le point crucial me semble être que Girard, au bout du compte, ne cherche pas à élaborer une « histoire de l'Être », comme le fait Heidegger, mais plutôt à offrir une anthropologie « scientifique ». Voilà pourquoi, de manière assez étonnante, le troisième livre de *Des choses cachées...* est consacré à la « psychologie interindividuelle », comme si tout le processus historique allant du mécanisme primitif du bouc émissaire à la révélation biblique et à l'incarnation du Christ avait pour seul but, *in fine*, de préparer l'avènement d'une conscience scientifique, non victimaire, de la nature humaine. Je sais que telle n'est pas l'intention de Girard ; mais en vérité, même le pouvoir rédempteur de Jésus semble consister, pour lui, en un pur et simple pouvoir de démasquer l'essence violente du concept naturel du sacré. Cette révélation est certes décisive pour permettre au genre humain de choisir entre la violence et l'amour chrétien ; mais pour Girard, les choses semblent s'arrêter là. Et qu'en est-il des concepts de pardon et de salut, intimement liés à l'incarnation de Jésus-Christ ? Girard veut, bien sûr, éviter tout retour de la lecture victimaire de l'histoire de Jésus ; mais à force de se focaliser sur ce point, il risque de se fourvoyer et de réduire la rédemption à un pur problème de connaissance.

Ce que je suggère ici, de manière approximative et schématique, est que la révélation du lien entre le sacré et la violence se fait en même temps que l'incarnation du Christ, la *kénosis*, et seulement à travers elle. De mon point de vue, cela signifie que le salut n'est pas avant tout un problème de conscience, un choix inéluctable à faire entre la rivalité de la violence mimétique et la charité ; il s'agit plutôt de l'annonce que Dieu nous sauve à travers un processus historique d'éducation, qui est à la fois une révélation et une réduction progressive de la violence originelle du sacré. Le salut est le processus à travers lequel Dieu nous appelle, maintenant et toujours, à désacraliser la violence et à dissoudre la revendication définitive et péremptoire de l'objectivité métaphysique. Ce processus, sans fin, ne s'achève certainement pas avec la révélation d'une alternative apocalyptique entre violence totale et charité parfaite. Quoi qu'il en soit, Girard semble penser que l'histoire du salut et de la réinterprétation non victimaire des Écritures se conclut par l'épisode d'Emmaüs (voir la fin du second livre de *Des choses cachées...*). Peut-il donc ignorer l'histoire de la venue du Saint-Esprit – qui inaugure la réinterprétation des Écritures par la communauté vivante de l'Église ?

Par ces lignes, condamnées à demeurer ici à l'état d'ébauche, j'aimerais suggérer à Girard lui-même, ou au moins à certains de ses lecteurs, de reconsidérer la possibilité d'un rapprochement, et non seulement d'une confrontation polémique, entre la découverte décisive du mécanisme victimaire et la fin de la métaphysique que Heidegger s'est efforcé de préparer.

Gianni VATTIMO

Il n'y a pas seulement des interprétations, il y a aussi les faits[1]

Faits, interprétations

Du point de vue du « nihilisme déconstructionniste », l'athéisme moderne n'est rien d'autre qu'un « credo métaphysique » parmi tant d'autres. Le sentiment de certitude qu'il tire de ses fondements apparemment scientifiques est aussi illusoire que celui des religions, des philosophies et des idéologies. Se libérer complètement des fausses certitudes implique la déconstruction de l'athéisme lui-même, parallèlement à celle des autres illusions métaphysiques. Une fois cette tâche accomplie, le christianisme retrouverait tout son intérêt. Dans un monde authentiquement « nihiliste », la religion de la Croix devrait s'avérer meilleure que tous

---

[1]. R. Girard, article paru pour la première fois dans *Pluriverso*, n° 4, 2000.

les autres credo et idéologies, qui s'en remettent imprudemment à une fausse « objectivité » scientiste. C'est ce que Vattimo suggère dans ses travaux récents, en particulier *Credere di credere* et *Oltre l'interpretazione*, de peu antérieur : « L'herméneutique contemporaine semble être seulement, ou surtout, une théorie qui libère la raison de l'esclavage imposé par l'idéal scientiste de l'objectivité, mais uniquement pour ouvrir la voie à une philosophie de la culture dont les limites (et le sens) finissent par se perdre. *Après avoir liquidé, surtout grâce à Heidegger, l'idéal métaphysique de la vérité conçue comme conformité, l'herméneutique offre une plausibilité renouvelée à la religion, et même au mythe*, indépendamment de toute justification historiciste de matrice hégélienne[1]. »

Le christianisme porte un jugement positif sur la raison humaine, mais il ne croit pas qu'elle puisse conduire à une quelconque vérité absolue. L'école de Nietzsche et de Heidegger méprise les systèmes rationnels – « métaphysiques » et « onto-théologiques » – élaborés par les théologiens, mais les simples chrétiens n'ont jamais confondu ces systèmes avec le pouvoir rédempteur de la Croix. Car ils ne s'en remettent pas à la philosophie, mais à la *foi*, à l'*espérance* et à la *charité*. Par conséquent,

---

[1]. G. Vattimo, *Oltre l'interpretazione*, Rome et Bari, Laterza, 1994, p. 56-57. Éd. fr. : *Au-delà de l'interprétation : la signification de l'herméneutique pour la philosophie*, Bruxelles, De Boeck, 1997. C'est Girard qui souligne.

tôt ou tard, l'aversion envers le christianisme s'affaiblira et les premiers signes de cet affaiblissement devraient apparaître là où on s'y attend le moins, à savoir parmi les intellectuels radicaux qui comprennent le mieux les implications nihilistes de leur philosophie. Vattimo lui-même serait-il donc ce signe ?

Ces dernières années, il s'est rapproché de l'Église de sa jeunesse. Son évolution peut choquer certains de ses camarades déconstructionnistes, qui n'ont pas assez sondé l'abysse de leur propre nihilisme, mais Vattimo ne semble pas beaucoup s'en préoccuper. Dans *Oltre l'interpretazione*, il observe que son travail récent « pourra même sembler scandaleux, car il "tord" la faiblesse et le nihilisme en une direction totalement différente de ce qu'on a l'habitude de faire ; et, surtout, il finit par se retrouver d'une certaine manière aux mains de la théologie – bien que selon des modalités qui ne se conforment à aucune "orthodoxie"[1] ». Les termes « faiblesse » et « nihilisme » se réfèrent au style de pensée que Vattimo soutient et décrit comme *pensiero debole* [pensée faible], dont l'idée centrale est l'« affaiblissement », l'« adoucissement » de toutes les « structures de l'Être ». Il ne définit pas son tournant religieux dans les termes classiques d'une conversion chrétienne, mais la voit plutôt comme le couronnement que comme l'abjuration de son nihilisme. L'Église

---

1. *Ibid.*, p. X.

d'aujourd'hui est bien sûr différente de celle qu'il a quittée. Beaucoup de choses ont changé depuis le concile Vatican II, peut-être pas aussi radicalement qu'on pourrait le souhaiter, mais de manière suffisante pour justifier la réorientation du philosophe.

Vattimo appelle de ses vœux l'élimination totale des attitudes qu'il considère comme des vestiges du passé, par exemple le refus d'ordonner des femmes prêtres et la condamnation des pratiques homosexuelles. Il donne souvent l'impression de faire partie de ceux que les traditionalistes américains appellent les « catholiques de café » qui, dans la doctrine de l'Église, choisissent ce qui leur plaît le mieux et négligent le reste. L'idée que le catholicisme constitue une offre à prendre ou à laisser dans sa totalité est pour eux dépassée. Malgré sa précision, cette définition ne suffit pas à rendre compte de l'esprit des textes de Vattimo, un esprit tout à fait positif et qui implique un amour réel de l'Église. La pensée de Vattimo constitue une alternative originale à l'exacerbation des débats contemporains, à l'œuvre dans les deux camps en présence. Les catholiques exacerbés se dirigent pour la plupart vers l'abandon de l'Église, tandis que Vattimo est un catholique sur le chemin du retour, et cela fait toute la différence, de même que son talent particulier à développer une pensée vigoureuse qui ne perd pas pour autant sa sérénité. Son principal thème religieux est la *kénosis* divine, le côté « faible » de Dieu, pourrait-on dire, qui n'exclut pas cependant les fortes implications de l'incarnation et de la trinité.

Mais Vattimo pourrait bien ne pas être aussi étranger à l'orthodoxie que le suggère son langage. Ses livres récents tendent à attribuer les aspects de l'Église qu'il critique à des raisons historiques, à l'incapacité prolongée des païens christianisés à renoncer à la violence du *sacré*, incorporé dans les religions archaïques, qu'il appelle « naturelles ». En exposant cette idée, Vattimo synthétise ainsi mon travail : « Pour Girard, je résume ici très approximativement, les religions naturelles sont fondées sur une conception victimaire du sacré : lorsque de graves conflits éclatent au sein de la communauté, le moyen de les résoudre consiste à concentrer sur un seul bouc émissaire la violence qui, sans cela, se déchaînerait entre tous. Comme le bouc émissaire permet une réduction effective de la violence, il acquiert aussi un caractère sacral, divin. L'Ancien et le Nouveau Testament, toutefois, dévoilent le mensonge du sacré naturel violent. Jésus, notamment, est celui qu'on met à mort non parce qu'il serait la victime parfaite, comme on l'a toujours cru, mais parce qu'il est porteur d'un message trop radicalement opposé aux convictions les plus profondes (sacrales et victimaires) de toutes les religions "naturelles". Le caractère extraordinaire de sa révélation (le sacré n'est pas la violence sacrificielle, Dieu est Amour) démontre, entre autres, qu'il ne pouvait pas être seulement homme [1]. »

---

1. *Ibid.*, p. 63.

Vattimo tire de cette remarquable synthèse certaines conséquences avec lesquelles je suis d'accord et d'autres avec lesquelles je ne le suis pas. Bien entendu, j'approuve sa condamnation de toute la violence que, par le passé, l'Église a commise, autorisée et tolérée. Je suis aussi d'accord, bien sûr, avec son principe de libre interprétation et avec son refus de réserver à la Bible un traitement différent de celui des autres textes. Vattimo prend explicitement position en faveur des tendances dites « progressistes » ou « libérales » devenues, depuis le concile Vatican II, dominantes presque partout dans l'Église catholique, au niveau local et national. Ce choix s'enracine profondément dans son passé intellectuel et religieux. L'un de ses premiers livres est en effet une étude sur Schleiermacher, le père fondateur du protestantisme libéral [1]. Le mot-clef résumant une évolution qu'il juge positive est « sécularisation » : l'interprétation de ce mouvement vers la sécularisation « mettra à profit [...] les théories sur la violence et le sacré proposées par Girard – même s'il n'en tire pas (et au fond, on ne voit pas pourquoi) toutes les conclusions [2] ». Selon Vattimo, il va de soi que mes écrits conduisent aux thèses qu'il soutient. Je crois, au contraire, qu'ils amènent à confirmer, non pas toutes les pratiques passées de l'Église, mais au moins son

---

1. G. Vattimo, *Schleiermacher, filosofo dell'interpretazione*, Milan, Mursia, 1968.
2. G. Vattimo, *Oltre l'interpretazione, op. cit.*, p. 63.

orthodoxie traditionnelle. Il existe entre nous un malentendu, aux causes multiples. L'une d'entre elles est évidente et j'en suis pleinement responsable. Dans *Des choses cachées depuis la fondation du monde*, j'ai décidé de ne pas utiliser le terme « sacrifice » en relation à la Croix [1]. Cette décision a très probablement influencé le jugement de Vattimo sur mon travail. À l'instar de nombreux lecteurs, il interprète mon refus de ce terme comme une répudiation de l'orthodoxie traditionnelle, ce qui n'était pas dans mes intentions.

Pendant plus de dix ans, avant de m'intéresser au christianisme, j'ai étudié en profondeur les sacrifices sanglants des religions archaïques ou naturelles, et mon attitude envers le sacrifice en est restée marquée de manière indélébile. Dans le sacrifice de sang, les sacrificateurs perpètrent une violence au détriment des victimes. Cela n'a rien à voir avec ce que nous appelons le sacrifice du Christ, c'est-à-dire sa crucifixion. Jésus n'inflige de violence à personne ; bien au contraire, il en souffre lui-même, en vue d'un objectif qui, de quelque manière que nous le définissions, est sans rapport avec la perpétration d'une violence au détriment d'un être humain.

La signification première du sacrifice, la violence exercée par les sacrificateurs, domine la plus grande

---

1. R. Girard, *Des choses cachées...*, *op. cit.*, p. 251 et suiv.

partie de l'histoire de l'humanité et réapparaît indiscutablement comme métaphore dans certaines théories chrétiennes de la rédemption. À cause de leur désintérêt pour les religions traditionnelles, les penseurs chrétiens approfondissent rarement la relation entre les sacrifices sanglants et ce que nous appelons le sacrifice du Christ. En conséquence, ils ne parviennent pas à s'opposer efficacement à la tendance moderne qui consiste à associer les deux significations – tendance qui a essentiellement pour but de réfuter le christianisme, en l'interprétant comme un « mythe sacrificiel parmi tant d'autres ».

Après avoir étudié le sacrifice archaïque, j'ai été et je suis toujours si frappé par la discontinuité entre ses modalités et le sacrifice du Christ que, pour en souligner la différence, j'ai simplement évité l'usage de ce terme en référence à la Croix chrétienne. Quelques années plus tard (surtout grâce au théologien autrichien Raymund Schwager), j'ai cependant réalisé que cette solution n'était pas viable, ou plutôt, que ce n'était pas du tout une solution, ne serait-ce que parce que la symétrie symbolique entre le sacrifice archaïque et la Croix est forcément significative d'un point de vue chrétien. L'attachement des théologiens orthodoxes à certains *termes* traditionnels, comme celui de « sacrifice », n'est jamais sans raison, même s'il demande à être analysé.

Je continue de croire qu'il faut s'opposer vigoureusement à la confusion entre le sacrifice archaïque et celui du Christ, mais il est vrai qu'un pur et simple refus du terme conduit à une négation stérile de l'Histoire en un sens historiciste *(geschichtlich)*. Le Christ accepte d'être sacrifié en échange de tout sacrifice sanglant et son don de soi, aussi paradoxal que cela puisse paraître, doit être en fin de compte défini, j'en suis maintenant convaincu, en termes d'(auto)sacrifice. Je croyais, avec Vattimo, que l'utilisation du vieux langage sacrificiel et la définition de Jésus comme « victime parfaite » interdisaient une compréhension réelle de la Passion comme entièrement « anti-sacrificielle », mais je me rends maintenant compte que j'avais tort. Mon refus du mot « sacrifice » était, en grande partie, une erreur commise de bonne foi. Au demeurant, elle fut aussi en partie suscitée par mon ancien désir de tirer sur l'ambulance et d'*être en désaccord*, bruyamment, avec l'Église, par pur plaisir. Je cherchais à me racheter, d'une manière ou d'une autre, aux yeux de mes camarades intellectuels. Depuis désormais trois cents ans, nous autres intellectuels avons été liés à l'« esprit de révolte », selon une habitude dont il est difficile de se défaire. Maintenant que la « révolte » a même atteint le clergé catholique, la fin de ce tunnel est forcément en vue ! Dans un essai publié en 1995 et intitulé *Théorie de la mimésis et théologie*[1], j'ai renié mon refus précédent du mot

---

1. R. Girard, *Mimetische Theorie und Theologie*, in J. Niewiadomski et W. Palaver (dir.), *Vom Fluch und Segen der Sündenböcke : Raymund Schwager zum 60*, Kulturverlag, 1995, p. 15-29.

« sacrifice ». Ce bref travail, toutefois, n'apporte pas toutes les réponses sur la question ; j'espère y revenir dans un futur proche et je vous prie de m'excuser d'en avoir dit si peu.

Mon second motif de malentendu avec Vattimo porte sur notre manière différente de comprendre l'interprétation. Je crains qu'il ne se rende pas compte à quel point, par rapport à lui, je suis vieux jeu à ce sujet. Pour définir ce qu'il appelle l'*herméneutique nihiliste*, Vattimo cite souvent une célèbre phrase de Nietzsche : « Il n'y a pas de faits, il n'y a que des interprétations [1]. » Ces mots ont été écrits dans le cadre d'une brillante polémique contre les vétéro-positivistes, convaincus de proférer une vérité scientifique immortelle chaque fois qu'ils ouvraient la bouche. Mais la boutade de Nietzsche ne peut pas fonctionner comme théorie de l'interprétation : n'avoir rien d'autre que des interprétations équivaut à n'en avoir aucune. Souvent, Nietzsche abandonne en cours de route la formule qu'il a lui-même forgée et je serais tenté de dire que, sauf le respect que je lui dois, la même chose vaut pour Vattimo (ce qui est de bon augure pour ses lecteurs). Ceux qui prennent trop au sérieux l'ostracisme infligé aux faits, conformément à la mode actuelle, finissent par ressembler à des académiciens politiquement corrects

---

1. Cf. F. Nietzsche, *Opere complete*, VIII, *Frammenti postumi. 1887-1888*, Milan, Adelphi, 1971, p. 299. Éd. fr. : *Œuvres philosophiques complètes*, vol. 13, Paris, Gallimard, 1976.

– ce que, de fait, ils sont. La formule de Nietzsche est utile à ceux qui veulent transformer tous les textes en ineptes « narrations » ou en « histoires » plus ou moins fictives, considérant qu'elles ne peuvent avoir de sens qu'indépendamment les unes des autres. Au contraire, l'analyse comparée que je poursuis n'est pertinente que si le biblique et le mythique ont du sens ensemble, et peuvent également, par conséquent, s'opposer l'un à l'autre.

La négation nietzschéenne des faits n'a d'intérêt que pour les philosophes et les poètes occupés à générer le plus grand nombre possible d'interprétations à partir du sujet le plus mince qui soit. Sans aucun doute, l'« aboli bibelot d'inanité sonore » était plus qu'un jeu pour Mallarmé, mais, après lui, que peut-il être d'autre ? Il n'y a rien de mallarméen dans la séquence interprétative qui caractérise mon travail : elle est absolument de sens commun et terre à terre, référentielle jusqu'à la nausée. Elle se fonde sur l'évidence et la cherche. Non pas que je m'intéresse à tout ce qui est évident, mais seulement aux observations que je présente ici, qui auraient dû être produites depuis longtemps et qui toutefois ne le furent pas. Je crois que notre relation avec les Évangiles contient beaucoup d'évidence méconnue. Et pour vous prouver à quel point ma pratique de l'interprétation est étrangère au nihilisme sophistiqué de notre temps, je vais à nouveau résumer mon raisonnement, dans le seul but d'en souligner encore davantage la simplicité théorique.

Le bouc émissaire

Même les lecteurs les moins bien informés savent que la crucifixion résulte de la collaboration de plusieurs personnes, d'une véritable foule qui, soudain et « sans cause précise », devient hostile à Jésus. Dans les drames les plus spectaculaires de l'Ancien Testament, nous trouvons de nombreux exemples de violence, soit indirectement – à l'instar de la crucifixion –, soit directement collective, comme dans le cas du « serviteur souffrant » (Isaïe, 53, 7) ou de plusieurs prophètes que des foules hostiles torturent ou mettent à mort, ce qui autorise à parler de lynchage.

La violence collective, facile à relever dans la Bible, joue également sans conteste un rôle important dans la mythologie. Les lynchages y abondent, en particulier dans les mythes les plus archaïques. Les descriptions de cette violence ne sont pas aussi bien dessinées que dans Isaïe ou dans les Évangiles, mais leur nombre très élevé interdit tout simplement de les ignorer. Elles sont même plus nombreuses qu'en apparence car, dans certains mythes où ne se montre à première vue aucune violence collective, l'analyse comparée suggère qu'*on l'a supprimée*[1]. Dans la mythologie, comme dans les Évangiles et dans la Bible, l'assaut de toute une foule contre une victime individuelle a lieu au paroxysme

---

1. R. Girard, *Le Bouc émissaire*, Paris, LGF, 2008, chap. 5 et 6.

d'une crise impliquant l'ensemble de la communauté et à laquelle, en général, le lynchage collectif met fin.

Ces analogies ne peuvent pas être fortuites. Derrière tous les lynchages, il doit y avoir une cause qui transcende les situations individuelles. Les mythes ne contiennent aucune information utile à ce sujet, au contraire des Évangiles, qui montrent la façon dont non seulement les ennemis de Jésus, ou ceux qu'il laisse indifférents, mais jusqu'à ses propres amis, ses disciples les plus chers, Pierre lui-même, sont débordés par la pulsion de la violence. Cette dernière est si contagieuse qu'elle n'épargne pas même ceux qui partagent la souffrance de Jésus, tels les deux larrons (un seul, chez Luc) crucifiés à ses côtés. Bien que déjà cloués à leur croix, ils veulent encore se faire bourreaux, ils veulent désespérément appartenir à la foule des lyncheurs.

Les Évangiles ne laissent pas supposer que cette violence contagieuse puisse être divine, et suggèrent même le contraire. Elle s'enracine dans la nature mimétique des relations humaines, la plupart du temps discordante, mais qui peut, à son paroxysme, devenir soudain unifiante et rassembler une communauté entière contre une victime individuelle. La discorde des hommes peut tout à coup se transformer en cette mystérieuse et terrifiante glu des communautés humaines. Pour définir ce phénomène, jamais complètement compris, nous utilisons sans nous en rendre compte un terme biblique, celui de « bouc émissaire », qui désignait à l'origine la victime d'un rite décrit dans le Lévitique (16). Le monde moderne lui a fait perdre son caractère rituel, tout en élargissant sa signification. La persécution d'un « bouc émissaire » définit le processus de contagion de la violence, encore observable partout dans le monde, souvent – mais pas toujours – sous une forme atténuée.

Le langage des Évangiles confirme l'interprétation de la mort du Christ comme celle d'un bouc émissaire : une de ses dénominations, *agneau de Dieu*, est synonyme de « bouc émissaire » et s'utilise parfois en ce sens, même chez nous, surtout parmi les chrétiens qui ne craignent pas d'affirmer que notre compréhension des persécutions collectives nous vient des Évangiles. Une indication supplémentaire sur le fait que Jésus meurt comme un bouc émissaire est la présence, dans deux des quatre Évangiles, d'un second – ou plutôt d'un premier, par ordre chronologique – épisode de victimisation, qui, par bien des aspects, anticipe et reproduit la crucifixion : il s'agit de l'assassinat de Jean le Baptiste. Indubitablement, il suffit d'un bourreau pour décapiter Jean, mais beaucoup de gens partagent la responsabilité de sa mort : Salomé, Hérode, Hérodiade et tous les convives du banquet d'Hérode, qui jouent au fond le même rôle que la foule dans la crucifixion, à savoir exercer une pression sur Hérode pour obtenir la tête du prophète.

Que dire des mythes ? Devons-nous également interpréter les innombrables lynchages et autres exemples de violence collective ou semi-collective qu'ils mettent en scène dans le sens de la persécution d'un

« bouc émissaire » ? Il semblerait raisonnable de le penser puisque, si les données textuelles apparaissent identiques, les faits qu'elles recouvrent devraient l'être aussi. Toutefois, loin de confirmer cette supposition, les mythes la contredisent de manière éclatante. On n'y trouve pas les mêmes victimes innocentes que dans la Bible ; les mythes les représentent au contraire comme des coupables, punies à juste titre pour des crimes réellement commis. Le modèle biblique inverse les rôles des victimes et des persécuteurs. Au lieu des foules en proie à la folie, devenues violentes sans réel motif, de nombreux mythes montrent des citoyens pleins de sens civique qui recourent certes à la violence, mais pour des raisons légitimes : ils doivent sauver la communauté. La tragédie d'Œdipe en offre un bon exemple. Ce n'est certainement pas un bouc émissaire *du point de vue du mythe* : il a réellement commis le parricide et l'inceste dont on l'accuse, et les Thébains ont non seulement le droit, mais aussi le devoir, de le détrôner et de le plonger dans les ténèbres.

Si l'on compare le modèle biblique et le modèle mythique, on peut s'apercevoir que les croyances des foules et leur violence sont identiques, mais que leur interprétation est différente. Tandis que les mythes acceptent aveuglément les croyances de leurs foules violentes, l'Ancien et le Nouveau Testament dénoncent ces mêmes foules et prennent la défense des victimes. Dans le passage du mythique au biblique, tout demeure structurellement identique, mais la redistribution de la culpabilité et de l'innocence, à l'intérieur de cette structure, est systématiquement inversée. Cela signifie-t-il donc que l'expression « bouc émissaire » n'est applicable qu'à l'Ancien et au Nouveau Testament et non à la mythologie ? Bien au contraire : cela signifie que le mécanisme du bouc émissaire n'est essentiel qu'à la définition de la mythologie. S'agit-il là d'un paradoxe stérile ? Il suffit de réfléchir un instant à la signification du bouc émissaire et de son sacrifice pour se rendre compte que non. Comment la contagion violente de la persécution se propage-t-elle parmi les persécuteurs ? Par la conviction de la culpabilité de leur victime.

Et puisque les persécuteurs croient vraiment à quelque chose de faux, que peuvent-ils faire d'autre, au moment où ils racontent à nouveau leur expérience, sinon représenter ce mensonge comme si c'était la vérité ?

Compte tenu de ces analogies structurelles avec les grands drames de l'Ancien et du Nouveau Testament, il faut conclure que la mythologie consiste en des récits de persécution systématiquement trompeurs, non parce qu'ils en auraient l'intention, mais parce que leurs propres auteurs se trompent. Ils ne mentent pas délibérément ; ils ne cherchent pas à nous induire en erreur : eux-mêmes se trompent, car ils voient vraiment dans leurs victimes les monstrueux coupables qu'ils nous dépeignent. Ils sont prisonniers de l'illusion du bouc émissaire. Quand l'expérience de ce bouc émissaire est vraiment « parfaite », quand la puissance d'une violence contagieuse fait disparaître toute dissension, cela ne peut générer que ce que nous appelons la « mythologie ». Une telle définition nous permet de comprendre la dimension religieuse des mythes. Le sacrifice unanime du bouc émissaire transfère efficacement sur la victime toutes les tensions et l'agressivité sociale qui divisent les persécuteurs, leur offrant ainsi une réconciliation authentique. En d'autres termes, il met fin à la crise par laquelle commencent toutes les histoires de persécutions expiatoires.

Les persécuteurs, humblement conscients qu'ils ne peuvent pas être les seuls responsables de leur réconciliation, l'attribuent donc à sa seule cause possible dans le contexte de leur expérience globale, c'est-à-dire, encore une fois, au bouc émissaire. Voilà pourquoi, au bout du compte, un bouc émissaire efficace doit être perçu comme un être divin, venu du ciel en cachette rendre visite à la communauté. Le mystérieux visiteur commence par traiter durement son peuple, mais finit par le sauver. Voilà pourquoi les boucs émissaires archaïques sont considérés comme des sauveurs divins, des ancêtres divins ou de véritables divinités. Lorsque la persécution atteint plus d'intensité et d'unanimité, la victime est d'abord perçue comme un horrible malfaiteur, puis, une fois la violence collective accomplie et apaisée, comme un bienfaiteur tout-puissant qui préside à la reconstruction de la communauté et qui, surtout, apprend au peuple à effectuer les sacrifices rituels, définis bien entendu comme une réitération délibérée du sacrifice originel à travers celui de victimes substitutives, dans le double but d'honorer le dieu et de réactiver l'énergie « purificatrice » ou *cathartique* de la persécution unanime. Le recours au bouc émissaire est un phénomène absolument paradoxal et invisible, humainement impossible à élucider. Voilà pourquoi, aujourd'hui encore, la plupart des gens ne parviennent pas à en comprendre le rôle au sein de la culture humaine. Ou bien la contagion mimétique est unanime et génère un mythe qui dissimule sa propre origine, ou bien elle est trop faible pour être unanime et aucun sacrifice n'a lieu.

Le problème concret, pour les anthropologues, n'est pas la mythologie, assez facile à expliquer, mais la présence infiniment mystérieuse, parmi nous, d'une et d'une seule tradition religieuse qui, au lieu de s'enraciner dans le sacrifice expiatoire et de le tenir caché, le « dévoile » littéralement : la tradition judéo-chrétienne. Ainsi, l'expérience fondatrice du christianisme est, encore une fois, la persécution victimaire, *ce qui le rend inséparable de toutes les autres religions et en même temps incomparable à elles.* Dans la Passion, nous reconnaissons immédiatement en Jésus une victime innocente, un bouc émissaire. La vraie raison de la convergence de tant de persécuteurs contre lui, c'est-à-dire la contagion mimétique de la violence, est publiquement exhibée. La mythologie transfigure la persécution expiatoire en la juste punition d'un coupable et, par conséquent, la dissimule ; les Évangiles, au contraire, représentent l'inacceptable vérité pour ce qu'elle est réellement. Les religions archaïques semblent parfaitement étrangères aux phénomènes de persécution victimaire, non parce qu'elles le seraient réellement, mais pour la raison opposée : parce qu'elles naissent elles-mêmes de phénomènes de persécution, purs et parfaits au point de ne pas pouvoir être représentés comme tels. Pour comprendre la véritable nature des mythes, il faut les lire comme des comptes rendus de la Passion déformés par les persécuteurs. Selon Francis Goyet, c'est ce qu'a fait la culture de l'Empire byzantin dans son interprétation de l'*Œdipe roi* de Sophocle, en soulignant non pas la découverte sensationnelle de la faute mythique du héros, mais ses souffrances. La tragédie fut en effet lue comme la Passion d'Œdipe [1].

Ceux qui considèrent l'hébraïsme et le christianisme comme des religions du bouc émissaire parce qu'elles le rendent visible font comme s'ils punissaient l'ambassadeur en raison du message qu'il apporte, et ne comprennent pas la différence entre le principe d'illusion, propre à la persécution victimaire, et sa représentation soignée, qui dissipe cette illusion. Les religions du bouc émissaire ont été précisément celles où la persécution

---

1. Sophocle, *Œdipe roi*, Paris, Le Livre de poche, traduit du grec ancien par V.-H. Debidour, annotation et postface de F. Goyet, 2007, p. 137.

n'était pas représentée et, justement grâce à cela, demeurait efficace.

Pour que ma thèse sur le bouc émissaire puisse être considérée comme valable, elle doit confirmer non pas quelques-unes, mais toutes les données de la mythologie. Cet article laisse bien sûr trop peu de place pour une enquête exhaustive, mais je voudrais recenser certaines caractéristiques des héros mythologiques confirmant indirectement le rôle fondateur de la persécution expiatoire dans la structuration de la mythologie. Si les héros mythiques n'ont rien à voir avec les crimes qu'on leur impute traditionnellement (parricide, inceste, etc.), pourquoi donc choisit-on certains individus plutôt que d'autres, au sein d'une communauté donnée ? Très souvent, les mythes ne contiennent aucun élément explicite de réponse à cette question, mais on peut parfois trouver quelques indices. De nombreux héros présentent des caractéristiques qui ne relèvent pas de leur « identité » propre, car on les retrouve dans des mythes divers, mais qui indiquent en revanche leur identité de victimes. Ils possèdent des attributs qui, dans une communauté primitive et fermée, distinguent des individus précis, les livrant aux abus et à la persécution. Il s'agit souvent de quelque chose de banal mais de significatif, même dans notre monde, puisque nous sommes en mesure de lui reconnaître une telle signification… De nombreux héros mythiques sont malades, estropiés ou atteints d'infirmités et de tares qui tendent, hélas, à déchaîner contre eux l'hostilité de leur prochain. Beaucoup boitent ou ont perdu un œil, un bras, une jambe ; d'autres présentent des particularités qui, aujourd'hui encore, seraient très gênantes : ils peuvent, par exemple, sentir terriblement mauvais. Tout cela explique qu'ils finissent par être divinisés, précisément parce qu'on en fait des victimes. D'autres héros sont si pauvres qu'ils en sont réduits à la mendicité. D'autres encore sont effroyablement laids ou, au contraire, si incroyablement favorisés sur le plan de la richesse, de la force physique, du charisme personnel, etc., qu'ils suscitent fatalement une envie qui peut bien devenir la cause principale de leur transformation en boucs émissaires. Il peut aussi exister d'autres causes de persécution, dans des communautés particulièrement isolées et « fermées », par exemple le manque d'intégration résultant de la condition d'étranger. Dans de nombreuses cultures du monde, les ancêtres divins, les héros ou les dieux sont souvent définis comme des étrangers en visite, quand ils se présentent pour la première fois à la communauté qui se ligue contre eux. J'ai recensé quelques *signes préférentiels ou stéréotypes* de la victimisation [1], dont la liste pourrait s'allonger à l'infini. Certes, de nombreuses victimes n'en présentent pas du tout, mais cela ne suffit pas à réfuter ma thèse. La désignation du bouc émissaire inclut en effet un élément de hasard qui échappe à toutes les tentatives

---

1. R. Girard, *Le Bouc émissaire, op. cit.*, chap. 2.

d'énumération exhaustive, ou de prédictions. Cet élément d'incertitude n'entame cependant en rien le caractère scientifique de ce type de recherche. Les indices, certes éparpillés çà et là, sont cependant trop nombreux, ainsi que les mythes, pour laisser place au moindre doute quant à la vraie nature de la mythologie et de son rituel : elle est la transfiguration religieuse, donc cachée, de la mise à mort d'un bouc émissaire.

Dans le contexte actuel, un autre ensemble d'accusations, qui semblent faites sur mesure pour un bouc émissaire, acquièrent une importance particulière. Certains héros sont en effet taxés d'avoir imaginé un stratagème pour semer la discorde parmi les membres d'une communauté en difficulté. Cadmos, le fondateur mythique de Thèbes, se voit ainsi accusé d'avoir jeté en cachette une pierre contre deux groupes de géants, pour les inciter à la violence et orchestrer indirectement leur destruction réciproque. On trouve quelque chose d'analogue dans la mythologie de Wotan [1]. Un mythe sud-américain, étudié par Lévi-Strauss (voir ses *Mythologiques*), raconte l'histoire d'un perroquet invisible, caché dans les plus hautes branches d'un arbre, qui jette des feuillages sur les guerriers situés en dessous de lui, afin de provoquer leur anéantissement mutuel.

Ces histoires ne sont pas de véritables mythes, mais elles contiennent quelque chose de mythique, car elles

---

1. Wotan (Odin) est le dieu suprême de la mythologie scandinave, à laquelle appartient aussi Loki, le dieu trompeur.

doivent avoir été inventées après coup, comme une sorte de solution destinée à « sauver la face » et à rétablir la paix parmi les survivants. On pourrait peut-être les définir comme des « mécanismes de résolution des conflits ». Il en va de même, je crois, des nombreuses plaisanteries jouées par les *tricksters*[1], de spectaculaires agitateurs qui deviennent souvent des réconciliateurs cachés, en cela qu'ils prennent sur eux la responsabilité de toutes les provocations. De nombreuses victimes mythiques sont, bien sûr, accusées de crimes abominables, comme le parricide, l'inceste, l'accouplement avec des animaux et autres monstruosités analogues. Pour identifier la nature persécutrice de ces crimes présumés, il faut se souvenir qu'ils réapparaissent souvent, sous la forme d'accusations infâmantes, dans les exemples de persécutions collectives se produisant dans un contexte historique, ou assez récentes pour être uniques. Notre vernis de christianisme nous permet de comprendre le phénomène du bouc émissaire bien mieux qu'il ne le serait dans tout autre contexte culturel et nous empêche de confondre ces histoires de

---

[1]. Littéralement « tricheurs » ; dans la mythologie et les études sur les religions naturelles, le *trickster* est une divinité, un esprit, un héros humain ou un animal anthropomorphe qui se moque d'une communauté en lui désobéissant ou en violant ses règles. Sont ainsi des *tricksters* : dans la mythologie grecque, Prométhée, Héphaïstos, Ulysse, Hermès ; dans la mythologie celtique, Puck ; et naturellement, dans la culture populaire chrétienne, le Diable, sous toutes ses déformations folkloriques.

persécutions avec les mythes fascinants et profonds que nous percevrions à coup sûr en elles si elles avaient été inventées ou redécouvertes dans un contexte grec ou archaïque. Jusqu'à maintenant, les mythologues professionnels se sont refusés à projeter rétrospectivement, jusque dans le monde grec, notre compréhension moderne du bouc émissaire. Nous ne devons pas nous contenter de faire un pas en arrière [*Schritt zurück*], comme le recommandait Heidegger, pour retrouver les philosophes présocratiques : nous devons en faire un second, jusqu'à la violence mythique qui nous révélera la véritable origine de notre culture. Et cette origine nous apparaîtra comme étant celle-là même qui, bien que mal comprise, a produit la Croix. Des signes existent que la cécité qu'on nous a imposée va bientôt disparaître.

Le mécanisme victimaire

L'hypothèse du bouc émissaire est en réalité double. Elle montre que les mythes prennent sens comme dissimulation de la persécution victimaire, et que cette dernière est peu à peu dévoilée par l'Ancien et le Nouveau Testament. Nous devons maintenant chercher à nouveau dans la Passion d'autres indices confirmant qu'elle révèle vraiment l'expulsion du bouc émissaire. Le premier indice est la présence, dans les récits de la crucifixion, d'un élément totalement absent de la mythologie : un groupe de personnes qui n'adhèrent pas à la logique unanime du mécanisme de persécution. À côté des persécuteurs convaincus, nettement majoritaires, on trouve une minorité dissidente, les apôtres de Jésus, indispensable bien sûr au dévoilement du phénomène de persécution. Leur présence ne va pas de soi. Les persécuteurs convaincus doivent encore dominer la scène, car sinon, il n'y aurait aucun bouc émissaire à cacher. Si la croyance en la culpabilité de la victime se limitait à une minorité ou à une faible majorité, même si la victime était tuée, l'ensemble du processus ne serait pas assez dissimulé pour bien fonctionner. Il n'y aurait aucun phénomène de persécution authentique à dévoiler. Un tel phénomène doit être assez puissant pour se montrer efficace comme tel, mais pas assez pour rendre impossible la dissension. La victimisation de Jésus satisfait à ces deux conditions.

Une minorité dissidente doit avoir été présente même lors des drames de l'Ancien Testament qui dévoilent les phénomènes de persécution, mais, contrairement à ce qui se passe dans les Évangiles, elle demeure invisible. Les mythes ne contiennent normalement aucune minorité dissidente. La vérité officielle de la persécution victimaire n'y est jamais contestée. Je ne connais qu'une exception à cette règle : l'histoire de la mort de Romulus chez Tite-Live. Romulus est au sommet d'une des sept collines de Rome, entouré de tout le sénat. Soudain, une forte tempête s'abat sur eux et un grand nuage cache chacun à la vue des autres. Lorsque la brume se dissipe, Romulus n'est plus là et les sénateurs annoncent à l'assemblée du peuple qu'il est monté au ciel. Le peuple s'en réjouit comme il se doit, à l'exception de quelques individus peu recommandables, qui soutiennent avoir vu certains sénateurs cacher des morceaux du corps de Romulus sous leur toge. Cette version des faits est repoussée comme étant l'invention d'un groupe restreint, peu fiable, de mécontents [1].

Juste avant ou pendant la crucifixion, les apôtres ne sont pas du tout immunisés contre la contagion persécutrice. Au moment le plus important, donc, la possibilité de voir émerger une minorité dissidente apparaît très faible. Si tous les disciples avaient vraiment capitulé devant la logique unanime du lynchage, il n'y aurait pas eu les Évangiles. La crucifixion, à supposer qu'on en eût conservé la mémoire, ne serait entrée dans l'Histoire que sous une forme mythique. C'est la résurrection qui met en lumière la minorité dissidente, au moment où, humainement parlant, on avait déjà enseveli la vérité, une fois pour toutes, en même temps que Jésus. La résurrection est attribuée à l'Esprit de Dieu, défini par le terme ô combien approprié de « Paraclet », un mot grec signifiant « avocat défenseur ». La résurrection montre que la persécution expiatoire est une

---

1. Voir Tite-Live, *Histoire romaine*, I, 16, 4.

prison dont les apôtres ne se seraient jamais évadés sans l'aide de Dieu. Le Paraclet permet aux disciples de percevoir une chose qu'aucun être humain ne peut comprendre sans son aide : sa propre participation au mécanisme de persécution.

Cette prise de conscience ne fait qu'un avec le processus dit de « conversion chrétienne » et joue un rôle dramatique chez les apôtres au moment de la résurrection, en particulier dans le cas de Pierre, après son reniement, et dans celui de Paul, sur le chemin de Damas. Paul ne fut pas en mesure de comprendre sa propre violence avant d'entendre de la bouche de Jésus une question incroyable : « Saül, Saül, pourquoi me poursuis-tu ? » (Actes des Apôtres, 9, 3-7). Une anthropologie du bouc émissaire peut sans aucun doute nous mener très loin, mais pas au-delà de ce point : elle doit alors faire place à la religion. L'universalité du modèle du bouc émissaire dans les textes religieux suggère que toutes les sociétés humaines souffrent d'un certain type de dysfonctionnement qui, bien que pleinement dévoilé dans les Évangiles, a toujours échappé à l'attention des observateurs scientifiques, ainsi qu'à celle des penseurs chrétiens eux-mêmes. La cause de ce dysfonctionnement ne peut qu'être la terrible vocation de l'humanité au conflit. Elle aurait rendu impossible l'émergence des sociétés humaines si, dans notre histoire préchrétienne, chaque fois que le désordre avait atteint un certain degré d'intensité, il n'avait pas produit spontanément son propre antidote, sous la forme du lynchage unanime d'un bouc émissaire – ce qui a engendré non seulement la mythologie et la notion archaïque du sacré, mais encore les sacrifices rituels, dotant ainsi les sociétés humaines des moyens sacrificiels de mettre en échec leur propre violence.

Si les religions qui ont recouru au mécanisme de la victimisation expiatoire ont réellement protégé l'humanité de sa propre violence, alors la révélation évangélique de ce mécanisme marque un véritable changement d'époque dans l'histoire de l'homme, bien que, de fait, très dangereux. Par sa diffusion dans toute l'humanité, cette révélation a libéré aussi bien nos capacités créatives que nos facultés de destruction. Le contraste entre les conclusions positives et optimistes des mythes et la dimension apocalyptique de la tradition judéo-chrétienne offre un indice supplémentaire nous faisant attribuer aussi bien leurs ressemblances que leurs différences à la victimisation expiatoire, qui demeure toujours cachée dans les premiers, tandis qu'elle est dévoilée dans la seconde. Dans les mythes, cette occultation rend la violence persécutrice efficace. Le vieux système est restauré ou un nouveau le remplace, et voilà pourquoi les conclusions des mythes sont toujours positives et optimistes. Une restauration culturelle a lieu, sous la supervision du dieu à peine révélé, qui n'est autre que le bouc émissaire mis à mort.

Les Évangiles sont différents. La bonté de leur bonne nouvelle dépend de notre obéissance aux règles du royaume de Dieu. Si nous ne nous y prêtons pas, si nous demeurons dans l'esprit violent de la vengeance et de la rivalité, il sera impossible, à l'avenir, d'empêcher l'escalade de violence qui ne provient pas de Dieu, mais d'une humanité sans frein. La menace apocalyptique, en effet, loin d'être absente de l'Évangile de Jean, comme le soutiennent de nombreux chercheurs, y est présente sous la forme de tous les conflits suscités par les interventions de Jésus, malgré tout le bien qu'elles apportent avec elles. La célèbre phrase de Jésus : « Je ne suis pas venu mettre la paix, mais le sabre » (Évangile selon saint Matthieu, 10, 34), reflète sa conscience du fait qu'il est en train de détruire le pouvoir cathartique de la persécution expiatoire. Par conséquent, même si – ou plutôt puisque – il finira par nous donner « la paix de Dieu, qui surpasse toute intelligence » (Épître aux Philippiens, 4, 7), son passage parmi nous doit d'abord être suivi d'une difficile transition historique, durant laquelle sa paix n'est pas encore là et la vieille paix du monde, c'est-à-dire la trêve de la persécution du bouc émissaire, est désormais absente. La révélation de la Croix apporte sans aucun doute avec elle d'innombrables bienfaits, mais son expansion prive les sociétés humaines du seul type de paix dont elles aient profité sous la loi du bouc émissaire. Dans le cas des mythes, le principe divin est en réalité la violence qui apporte la paix à travers les mystères du sacrifice expiatoire et rituel, la bonne violence qui expulse la mauvaise. Dans les Évangiles, cette violence n'est pas définie comme divine, mais comme satanique : c'est le pouvoir de « chasser Satan », donné temporairement à Satan lui-même (Évangile selon saint Marc, 3, 23) et maintenant revendiqué par le Christ. La raison pour laquelle on considère Jésus comme divin est vraiment unique. Son amour transcende la violence du sacré et doit pénétrer, *in fine*, dans l'obscur royaume de l'homme ; il doit triompher de tous les obstacles que nous posons sur le chemin de notre propre salut.

Dans les textes mythiques comme dans la Bible, je retrouve de nombreux indices confirmant l'hypothèse du bouc émissaire ; mais le plus significatif est la coïncidence parfaite entre les deux séries. Les analogies entre la mythologie et la Bible, loin de jouer en défaveur des Évangiles, comme on l'a jusqu'à présent compris dans le monde moderne, nous permettront de revendiquer la vérité non seulement religieuse, mais encore *intellectuelle*, des deux Testaments. Les quatre récits de la Passion, et les révélations bibliques avant eux, sont les instruments permettant de révéler la persécution expiatoire dans tous les textes où on l'a cachée : non seulement dans les religions naturelles, mais aussi dans les philosophies, dans les autres mythologies modernes, comme celles des sciences sociales, et dans le mirage de l'objectivité scientiste, à juste titre repoussée par Vattimo. Une application adéquate de la théorie de la mimésis et de celle du bouc émissaire, qui nous provient des Évangiles, peut littéralement passer tous ces textes aux rayons X.

Remerciements

Cet ouvrage a été en partie réalisé grâce à la collaboration de la province d'Ancône et de la municipalité de Falconara Marittima, qui ont également contribué à la réalisation de la vidéoconférence sur le thème « Foi et relativisme », organisée par Giulio Milani pour Transeuropa, dans le cadre du congrès « Identité et désir ». Ce congrès, qui s'est tenu à Falconara Marittima les 10 et 11 mars 2006, a été conçu, coordonné et animé par Pierpaolo Antonello et Giuseppe Fornari. Le texte de la vidéoconférence, dont la version intégrale est disponible en téléchargement gratuit sur le site de la maison d'édition Transeuropa, est ici publié pour la première fois.

Table

Avant-propos 7

Christianisme et modernité 27
Foi et relativisme 61
Herméneutique, autorité, tradition 83
Girard et Heidegger : *kénosis* et fin de la
    métaphysique 103
Il n'y a pas seulement des interprétations, il y a
    aussi les faits 117

Remerciements 149

Avoir confiance en la raison

Avant d'affirmer mes intuitions et d'appofondir mon interprétation, je m'intéressais, comme beaucoup d'autres autour de moi dans le milieu académique, aux différentes modes intellectuelles du moment, y compris les plus antiréférentielles, les plus antilogiques et les plus antiscientifiques. Cependant, dès que je me convainquis – à tort ou à raison – que l'hypothèse du bouc émissaire pouvait jouer un rôle décisif dans la résolution de l'énigme du mythe et du sacrifice – un rôle, de fait, dévoilé non par moi mais par les Évangiles, dont il confirme la vérité et le pouvoir uniques –, j'eus la sensation de me trouver face à une découverte fondamentale et je décidai de me consacrer entièrement à cette intuition. Sans le moindre repentir, j'ai renoncé à tous les jeux théoriques et suis revenu aux règles d'évidence et de preuve les plus traditionnelles. Je sentais instinctivement, et je sens encore, que la seule assise théorique dont j'ai besoin est de croire en la possibilité de découvrir la vérité, en l'existence aussi bien des faits que des interprétations.

Dans la recherche de la connaissance, les cent cinquante dernières années ont été caractérisées par des excès allant dans deux directions opposées. Il y a d'abord eu les écoles de la pensée positiviste, qui ont adoré les faits et se sont senties si facilement et si constamment en contact avec eux qu'elles en ont oublié les interprétations. Cet excès a été suivi de la réaction inverse, légitime dans son principe, mais qui a très vite conduit à des exagérations pires que celles qu'elle devait rectifier. Efforçons-nous donc de renoncer à toutes les pseudo-*radicalisations* et d'avoir à nouveau confiance en la raison, sans l'idolâtrer. Essayons dorénavant de croire aussi bien aux faits qu'aux interprétations.

René GIRARD

Composition et mise en page

NORD COMPO
multimédia

N° d'édition : L.01EHQN000312.A002
Dépôt légal : janvier 2009
Imprimé en Espagne par Novoprint (Barcelone)